Berghofer Deutschland braucht Veränderung

W0236314

Das Buch

Deutschland verharrt im Stillstand. Die Wirtschaft schrumpft, das bis dato erfolgreiche deutsche Geschäftsmodell – billig importierte Rohstoffe wertsteigernd verarbeiten und die Erzeugnisse profitabel exportieren – hat sich dank einer ideologisch motivierten Regierungspolitik erledigt. Aber auch sonst liegt vieles im Argen. Berghofer kritisiert nicht wie viele andere auch. Er macht Vorschläge.

Der Autor

Wolfgang Berghofer, Jahrgang 1943, gebürtiger Sachse, gelernter Maschinenbauer, Kreissportlehrer des DTSB, Eintritt in die SED 1964, seit 1968 hauptamtlicher FDJ-Funktionär. Von 1970 bis 1983 tätig im FDJ-Zentralrat, von 1986 bis 1990 Oberbürgermeister von Dresden. Im Dezember 1989 / Januar 1990 Vize-Vorsitzender der SED-PDS, Austritt aus der Partei. Seit 1991 als selbstständiger Unternehmensberater in Berlin tätig, parteilos.

Wolfgang Berghofer

Deutschland braucht Veränderung

Machen statt meckern

edition ost

Inhalt

Die einen sagen, es ist weiß.
Die anderen sagen, es ist schwarz.
Und die Hellsichtigen sagen: Es ist ein Zebra.

Afrikanische Volksweisheit

Vorbemerkung

Unzufriedenheit begleitet mich, seit ich denken kann. Ständig hatte ich dieses nörgelnde Grundrauschen im Ohr. Gewiss, es gab in jeder Phase der DDR immer etwas zu meckern, weil der Überfluss an Bürokratie und der Mangel an Konsumgütern unsere ständigen Begleiter waren. Schuld waren natürlich immer »die da oben«. Ich wuchs in Sachsen auf. Da lag die Verantwortung »beim Bezirk«, also in Dresden. Bei größerem Unmut war Berlin schuld. Die Dächer in Dresden waren undicht, weil die Dachdecker in die Hauptstadt mussten. Zum Beispiel. Oder ein anderes: die unsäglich lange Wartezeit auf einen fahrbaren Untersatz …

Überall war Stammtisch. Im Parteilehrjahr wie in der Jungen Gemeinde. Man redete sich die Köpfe heiß. Meckern war das täglich Brot. Das eigentliche Brot war billig. Ein Vierpfundbrot kostete 1,04 Mark der DDR, es wurde von staatswegen subventioniert. Deshalb verfütterte man es an die Karnickel oder das Schwein, ohne darüber ein Wort zu verlieren. Nachdem wir Westen geworden waren, wurde nicht nur das Brot teurer. Also wurde über die exorbitanten Preise gemeckert. Eigentlich hätte man über sich selbst maulen müssen. Und zwar weil man dem Köhlerglauben gefolgt war, dass alles so weiterlaufen würde wie bisher. Aber eben mit Westgeld, mit Westautos, mit Westreisen, mit Bananen …

Das war ein fataler Irrtum. Karten, Preise und Arbeitsbedingungen wurden neu gemischt. Und schon konnte weiter gemotzt und gemeckert werden. Business as usual. »Se ham uns belochen und betrochen«, hieß es im Übergang. Und als die vermeintlichen Lügner und Betrüger ausnahmslos vom Hof gejagt worden waren – auch ich als Oberbürgermeister von Dresden musste meinen Hut nehmen –, blieb das erwartete Wunder aus. Und schon fing es neuerlich an zu grummeln. Oft war der Unmut begründet, meist jedoch nicht. Schuld an der wirtschaftlichen Misere waren nunmehr die Ausländer – sogenannte Vertragsarbeiter, die die DDR zur Ausbildung und zur Arbeit ins Land geholt hatte und die geblieben waren. Die Lausitzer Braunkohle AG hatte sie gekündigt und ihrem Schicksal in Hoyerswerda überlassen. Und weil diese Menschen, bis vor Kurzem noch Kollegen im Braunkohlentagebau, nunmehr arbeitslos, lästig und überflüssig waren wie man selbst, sollten sie so rasch wie möglich abgeschoben werden. Neonazibanden, oft Ableger »von drüben«, ergriffen für die vermeintlich »schweigende Mehrheit« das Wort, und Mitte September 1991 griffen sie ein Wohnheim in Hoyerswerda mit Steinen und Molotowcocktails an.

Anwohner gesellten sich hinzu. Sie sahen entweder tatenlos zu oder klatschten Beifall. Die Polizei griff kaum ein. Schließlich wurden die Vertragsarbeiter aus Hoyerswerda evakuiert, nach Frankfurt am Main oder Berlin transportiert und von dort aus abgeschoben.

Die »Unmutsbekundungen« richteten sich nunmehr gegen eine Flüchtlingsherberge in Hoyerswerda, die bereits seit Wochen belagert worden war. Jetzt wurden Ausländer auch physisch attackiert. Anwohner und deren Sympathisanten feuerten die Gewalttäter durch Zurufe und Applaus weiter an, heißt es in den Berichten im Internet. Bei diesen Ausschreitungen wurden über dreißig Menschen verletzt. Es gab über achtzig vorläufige Festnahmen, allerdings wurden nur vier Personen verurteilt.

Am darauf folgenden Wochenende kam es im Bundesgebiet zu 78 rassistischen Überfällen, berichteten Christian Fuchs und John Goetz sachlich in ihrer 2012 erschienenen Publikation »Die Zelle. Rechter Terror in Deutschland«.

Hoyerswerda machte Schule, die Meckerei des Mobs wurde zur materiellen Gewalt. Es folgten weitere Angriffe auf Flüchtlingsheime in Deutschland: in Thiendorf (Sachsen) mit acht Verletzten sowie Brandanschläge in Freital (Sachsen), Bredenbeck (Niedersachsen), Münster (Nordrhein-Westfalen), March (Baden-Württemberg) und Tambach-Dietharz (Thüringen). 1992 folgten Rostock-Lichtenhagen (Mecklenburg-Vorpommern), Mölln (Schleswig-Holstein) und Solingen (NRW).

Jahre später verdichtete sich die notorische Nölerei wieder einmal zu einer rechten Massenbewegung. Seit 2014 zogen *Patriotische Europäer gegen die Islamisierung des Abendlandes* (Akronym: PEGIDA) durch Dresden. Die Unmutsbekundungen richteten sich gegen eine behauptete Islamisierung (Bundespräsident Wulff hatte am 3. Oktober 2010 gesagt: »Der Islam gehört inzwischen auch zu Deutschland«) sowie generell gegen die Einwanderungs- und Asylpolitik Deutschlands und Europas. Dresdens PEGIDA fand Ableger in vielen Orten und Zulauf 2015/16, als rund zwei Millionen Menschen aus Krisen- und Kriegsgebieten in die EU kamen. Die Bundesrepublik nahm mehr als die Hälfte davon auf, nachdem die christlich motivierte Bundeskanzlerin Merkel (CDU) selbstbewusst und solidarisch erklärt hatte: »Wir schaffen das!«

Die damit entstehenden Probleme schafften allerdings eher die kommunalen Verwaltungen. Alles Gründe für Gegenrede und Widerspruch, der »Wutbürger« war geboren. Der Gestus, Verschlossenheit gegenüber sachlichen Argumenten und einfacher Logik, war mir seit Jahrzehnten bekannt. Da war nichts Neues unter der Sonne.

Der zumeist unkontrollierte Zustrom von vornehmlich Bürgerkriegsflüchtlingen aus Syrien und Afghanistan und Wirtschaftsemigranten aus Afrika führte zu sozialen, kulturellen und wirtschaftlichen Belastungen. Aber diese waren nicht der Auslöser für die nun auffälligen krisenhaften Erscheinungen in Deutschland. Sie verstärkten diese jedoch. Hinzu kamen später noch die Corona-Pandemie und die seit 2014 verhängten selbstzerstörerischen Sanktionen gegen Russland. Dadurch wurde das bis dato erfolgreiche deutsche Wirtschaftsmodell – billige Rohstoffe importieren und diese hochveredelt exportieren – irreparabel zerstört.

Und diese Prozesse wurden begleitet von jenem nöligen Grundrauschen, das mir seit Kindesbeinen vertraut ist. Es spielte nicht nur jenen antidemokratischen Kräften in die Karten, die die politischen Grundlagen unseres Gemeinwesens zu schleifen wünschen, weil sie einen anderen, einen autoritären Staat wollen. Aus dieser Echokammer, in der sich lautstark alle Nonkonformisten versammeln, dringt permanentes Räsonieren und Lamentieren, er blockiert jeglichen intellektuellen und gesellschaftlichen Fortschritt. Diese Auseinandersetzung bindet Kräfte ohne jeglichen Gewinn.

Der Kapitalismus, so wie er jetzt funktioniert, muss reformiert werden, da ist sich inzwischen eine qualifizierte Mehrheit einig. Ohne Veränderung gehen wir zugrunde: weil das Klima unwiederbringlich geschädigt ist, weil die Rohstoffe der Erde verbraucht sind, die Luft nicht mehr zu atmen ist und uns immer mehr Granaten um die Ohren fliegen, da sich weltweit Krisen und Konflikte zu Kriegen auswachsen. Es ist wie mit dem Märchen vom süßen Brei: Der Topf produziert unablässig und überflutet den ganzen Globus, weil das Wort verloren ging, mit dem die Produktion gestoppt werden könnte.

Deshalb meine ich: Um aus der Multikrise herauszukommen, reicht es nicht, ständig zu monieren, was alles schlecht ist. Wir sollten besser darüber nachdenken, wie wir kollektiv und konstruktiv aus diesem Schlamassel herauskommen könnten. Das setzt ein Umdenken voraus. Der erste Schritt aber ist: aufhören zu jammern und stattdessen nachdenken, wie sich die zu Recht kritisierten Zustände abstellen lassen.

Ich versuche das, indem ich mich der Gehirnwäsche zu entziehen versuche, indem ich die gesellschaftlichen Waschsalons meide. Lese statt der Zeitung besser ein Buch, ziehe eine konventionelle Ausstellung albernen Inszenierungen und Performances vor, schaue mir anstelle einer TV-Talkshow lieber ein richtiges Theaterstück oder eine Oper an. »In diesen heil'gen Mauern / wo Mensch den Menschen liebt / kann kein Verräter lauern / weil man dem Feind vergibt«, singt Sarastro in Mozarts »Zauberflöte«.

Aber auch dort fühle ich mich mitunter fehl. Links und rechts von mir applaudieren Vertreter eben jener Elite, denen wir den gegenwärtigen Zustand danken, welcher mich kränkt, geradezu krank macht. Welch bodenlose Heuchelei! Nicht nur, weil sie tagsüber in ihren Funktionen funktionieren und damit gegen humanistische Haltung handeln, die uns doch seit der Aufklärung in Europa anerzogen worden ist. Angesichts unserer Geschichte nur mit mäßigem Erfolg, muss man konstatieren. Erfolgreicher hingegen sind wir beim Schwarzmalen und Verbreiten einseitiger Sichten. Millionen nehmen die düsteren Parolen als Wahrheit, denn eine andere Perspektive gibt es offiziell nicht. Fast haben wir einen Zustand erreicht, vor dem die Publizistin Hannah Arendt warnte. »Die idealen Untertanen totalitärer Herrschaft sind Menschen, für die die Unterscheidung zwischen Fakten und Fiktion und zwischen wahr und falsch nicht mehr existiert.«

Die Jüdin, die 1933 vor den Nazis aus Deutschland floh, zog nicht grundlos die direkte der repräsentativen Demokratie vor, wie wir sie kennen. Dieser Form vermeintlicher Volksvertretung gab Jean-Jacques Rousseau den trefflichen Namen »Wahlaristokratie«. Handelt es sich doch um eine auserwählte Minderheit, »welche zwar das Volk als das höhere und herrschende anerkennt, aber in dessen Namen doch in der Regel über die Menge die Herrschaft ausübt«, urteilte schon Mitte des 19. Jahrhunderts der Schweizer Rechtswissenschaftler Johann Caspar Bluntschli kritisch über die repräsentative Demokratie.

»Wahlaristokraten« bestimmen also seit Jahrzehnten die Geschicke auch unseres Landes. Sie waren erfolgreich bei der Denunziation östlicher Wahlaristokraten, die in der westlichen Propaganda »Bonzen« hießen. Auch ich war laut dieser Lesart ein »Bonze« – schließlich arbeitete ich als

Kommunalpolitiker in Dresden, als die Stadt noch in der DDR und damit im Tal der Ahnungslosen lag. Zu einem westlichen Wahlaristokraten aber hat es bei mir nie gereicht. Ich zog es zu Beginn der neunziger Jahre vor, die politischen Niederungen zu verlassen und stattdessen in wirtschaftliche Höhen zu streben.

Dort aber, so spürte ich bald, blies der Wind nicht minder rau. Die Protagonisten handelten und redeten nicht weniger falsch, was gewiss auch charakterlich bedingt, aber im Wesentlichen dem System geschuldet war, in welchem alle tätig waren. Ich erfuhr nun am eigenen Leibe, dass Marx mit seiner Einschätzung nicht falsch lag. Da gab es jenes frühe Schlüsselerlebnis, als mir ein Unternehmer, für den ich ein millionenschweres Ostgeschäft angebahnt hatte, gönnerhaft ein Kuvert reichte. Das war seinerzeit sehr, sehr viel Geld für einen Ostdeutschen, aber nur ein winziger Bruchteil dessen, was einem Westdeutschen in meiner Rolle als Provision gezahlt worden wäre.

Nicht der Betrag war mein Ärgernis, sondern die Tatsache an sich. Ich war nicht seinesgleichen – und sollte es auch nie werden. Das sagte diese Geste.

Ich weiß natürlich, wie mancher aus meinem Stall reagiert, wenn ich solche Erlebnisse aus dem kapitalistischen Alltag erzähle. Da wird dann gern Kurt Tucholskys Gedicht »An einen Bonzen« zitiert, das dieser als Theobald Tiger im September 1923 in der *Weltbühne* veröffentlichte.

Einmal waren wir beide gleich.
Beide: Proleten im deutschen Kaiserreich.
Beide in derselben Luft,
beide in gleicher verschwitzter Kluft;
dieselbe Werkstatt – derselbe Lohn –
derselbe Meister – dieselbe Fron –
beide dasselbe elende Küchenloch …
Genosse, erinnerst du dich noch?

Aber du, Genosse, warst flinker als ich.
Dich drehen – das konntest du meisterlich.
Wir mussten leiden, ohne zu klagen,
aber du – du konntest es sagen.
Kanntest die Bücher und die Broschüren,
wusstest besser die Feder zu führen.
Treue um Treue – wir glaubten dir doch!
Genosse, erinnerst du dich noch?

Heute ist das alles vergangen.
Man kann nur durchs Vorzimmer zu dir gelangen.
Du rauchst nach Tisch die dicken Zigarren,
du lachst über Straßenhetzer und Narren.
Weißt nichts mehr von alten Kameraden,
wirst aber überall eingeladen.
Du zuckst die Achseln beim Hennessy
und vertrittst die deutsche Sozialdemokratie.
Du hast mit der Welt deinen Frieden gemacht.

Hörst du nicht manchmal in dunkler Nacht
eine leise Stimme, die mahnend spricht:
»Genosse, schämst du dich nicht –?«

Nein, ich habe keineswegs meinen Frieden »mit der Welt« gemacht, folglich muss ich mich auch nicht schämen. Ich habe lediglich einmal jenen Perspektivwechsel vorgenommen, dem auch Bertolt Brecht das Wort redete. Seit seinem Exil in den USA begleitete ihn bis zum Tode ein chinesisches Rollbild, das den Denker Konfuzius zeigte. Dieser trat für Wohlwollen und Freundlichkeit ein, nicht für Liebe, der er misstraute – darin folgte ihm Brecht. Im Kapitalismus ist alles Ware. Auch die Liebe. Man müsse die Begriffe »entschleiern«, befand Brecht und tat es in »Der gute Mensch von Sezuan«. Jede Ideologiekritik ist darum auch immer Sprachkritik, wie wir seither wissen.

Keine Sorge, jetzt folgt kein Theater- oder Ideologieseminar, nur meine Erklärung, warum ich mich wendete, aber nicht wandelte. Im Sinne von Bert Brechts »Me-ti, Buch der Wendungen«, im Geiste von Konfuzius. Brechts Botschaft: Der Denkende wendet sich, er wendet sich der Realität zu, der sich wendenden sozialen Realität der Klassenkämpfe. Und er wendet sich taktisch geschickt, um den Schlägen des Feindes auszuweichen.

Jenseits dieser Klassenkampfrhetorik – die ja nicht deshalb falsch ist, weil sie marxistisch genannt werden kann – habe ich aus unterschiedlichen Perspektiven und mit Erfahrungen aus verschiedenen Lebensabschnitten das heute in Deutschland existierende System beobachtet, analysiert und meine Schlüsse gezogen. Ich behaupte ja nicht, dass es stets die richtigen waren. Aber ich zog sie immer mit der Maßgabe *zu verändern*. Das war in der DDR so, das ist auch in der Bundesrepublik nicht anders. Ich falle nicht in den Chor der Nörgler und Meckerer ein, die es zu allen Zeiten in allen Systemen gibt und deren Zahl dank elektronischer Medien stetig wächst. Das bemerkt man nicht nur an den Umfragen. Ich brauche nur vor die Tür zu treten und vernehme den anschwellenden Bocksgesang.

Bocksgesang ist die Übersetzung des altgriechischen Wortes für Tragödie. Das Wort brachte der Schriftsteller Botho Strauß zu Beginn der neunziger Jahre ins Feuilleton, und der Text dazu trug ihm den Ruf ein, ein Faschist zu sein, ein »elitärer Kulturpessimist« und eine »Maulhure des Feuilletons«. Der in Naumburg geborene und in der Uckermark lebende Strauß hatte sich als Denker lediglich der Realität zugewandt und hellsichtig gemutmaßt: »Es ziehen aber Konflikte herauf, die sich nicht mehr ökonomisch befrieden lassen; bei denen es keine Rolle spielen könnte, dass der reiche Westeuropäer sozusagen auch sittlich über seine Verhältnisse gelebt hat, da hier das ›Machbare‹ am wenigsten an eine Grenze stieß. Es ist gleichgültig, wie wir es bewerten, es wird schwer zu bekämpfen sein«, meinte er 1993. Und gab sich überzeugt: »Es wird Krieg geben.« Kapitalistische Kriege, mit denen die westliche Art zu produzieren und zu konsumieren gegenüber der restlichen Welt behauptet werden würde. Und in der die Bundesrepublik als

Besserungsanstalt global aktiv werden würde. Die feministische Außenpolitik machte und für die Menschenrechte stritt. In missliebigen, nicht in den wirtschaftlich und politisch gebrauchten Staaten.

In regelmäßigen Abständen, immer zu runden Jahrestagen des Erscheinens jenes Strauß-Beitrages im *Spiegel*, wird der Text neuerlich vermessen und Hohn ausgegossen über jene, die sich seinerzeit empörten, ohne dass die heutigen Urteile wesentlich intelligenter ausfallen als die früheren. Es gibt Ausnahmen. 2018 befand der promovierte Philosoph Alexander Grau: »Auch wenn es kein Trost ist: Strauß' Text ist heute von vitaler, ja brutaler Gegenwärtigkeit, die Einwände seiner damaligen Kritiker hingegen erscheinen nur noch bieder und fad.«

Und das war noch vor dem Sieg der Taliban in Afghanistan, vor dem Ukrainekrieg und dem Gemetzel im Gaza-Streifen, dem sich immer mehr abzeichnenden Klimakollaps, einer sich verschärfenden globalen Flüchtlings- und Hungerkatastrophe …

Ich stimme nicht in die Empörung der Massen ein. Nicht weil ich mich nicht mit ihr gemein machen möchte, sondern weil ich darin keine wirksame Alternative sehe. Wenn die Verhältnisse kritikwürdig sind – was sie in der Tat sind –, stelle ich sie nicht durch Wehklagen ab, nicht mit dampfenden Parolen oppositioneller Wahlaristokraten und ihrer Parteigänger. Sondern einzig durch konkretes Handeln. In diesem Sinne bin ich ganz bei Marx, dessen 11. Feuerbachthese seit 1953 im Foyer der Humboldt-

Universität zu Berlin zu lesen ist: »Die Philosophen haben die Welt nur verschieden interpretiert, es kommt drauf an, sie zu verändern.«

Die konkrete Veränderung sollte nach dem Willen der Westdeutschen, die zu Beginn der neunziger Jahren an der Alma mater wie überall im Land das Sagen bekamen, so ausschauen, dass man die »indoktrinierende« Aufforderung aus der Eingangshalle entferne (wie die Büsten und Gedenktafeln für Karl Marx in dieser Uni). Da war jedoch der Denkmalschutz vor, den der demokratisch gewählte, aber mit einer – wie üblich – vermeintlichen Stasi-Vergangenheit aus dem Amt getriebene Rektor Fink noch veranlasst hatte.

Der Spruch wie der grundsätzliche Appell, die Welt zu ihrem Besseren zu verändern – so lange dies noch möglich ist –, bleibt. Denn darüber sollten wir uns im Klaren sein: viel Zeit bleibt der Menschheit nicht mehr! In wenigen Jahren schon ist der Punkt erreicht, hinter dem eine Umkehr nicht mehr möglich sein wird. Ich habe nicht die Absicht, der vorhandenen Bibliothek der appellativen Schriften eine weitere hinzuzufügen. Mir geht es vornehmlich darum, die Kritik in konstruktive Bahnen zu leiten, der lähmenden Ratlosigkeit »Was tun?« ein mobilisierendes Ausrufzeichen anzufügen – also »Was tun!«.

Zu Beginn der fünfziger Jahre konnten Millionen Chinesen nicht schreiben und lesen. Man sprich davon, dass es um die achtzig Prozent der

Bevölkerung waren. Und die meisten lebten in bitterster Armut. Inzwischen gibt es – prozentual gesehen – in China weniger Analphabeten als in etwa neunzig anderen der insgesamt 169 Staaten der Welt. In China kennt man auch das Wort Krise oder Konflikt. *Weiji* besteht aus zwei Schriftzeichen, wovon das erste »Gefahr« bedeutet und das zweite »Chance«. Diese nach unserem Verständnis doppeldeutige Bezeichnung hat also auch etwas Ermutigendes. Mobilisierendes. Vielleicht war dies ursächlich für den Aufstieg des Landes zur zweitgrößten Volkswirtschaft der Welt. Es scheint eine Frage der Zeit, wann die (westliche) Weltmacht ihren Spitzenplatz verlieren wird. Um dies zu verhindern, warnen die Thinktanks der westlichen Welt: Die Ablösung einer Supermacht durch eine andere verlief in der Geschichte niemals reibungslos.

Wie der Harvard-Historiker Graham Allison in seinem 2017 erschienenen Werk »Destined for War« erklärte, mündete die Wachablösung nicht selten in einem Krieg. Die »Befürchtung« schlägt sich in der hiesigen Berichterstattung über China nieder. Man arbeitet erkennbar daran, dass sich die Prophezeiung auch erfülle. Wie in jener Studie des *British Medical Journey*. Die Forscher konnten nachweisen, dass Senioren, die größere Angst vor einem Sturz hatten, häufiger einen solchen Unfall erlitten als Altersgenossen mit weniger Angst.

Ich möchte also diese zwei Worte »Was tun« nicht als Frage, sondern als Aufforderung verstanden wissen und werde auf den folgenden Seiten formulieren, was nach meinem Verständnis zu machen ist, um aus dieser obwaltenden, uns lähmenden Apathie herauszukommen und wie wir den gesellschaftlichen Stillstand überwinden könnten.

Dazu bedarf es in der Tat einer Revolution. Einer Revolution im Denken. Es wird in dieser kein Blut fließen, allenfalls Herzblut bei der Überwindung von Trägheit. Als grimmiger Optimist glaube ich daran, dass es gelingen könnte.

Wolfgang Berghofer
Berlin, Januar 2024

Wie soll man kritische Urteile,
kritische Berichterstattung von Leuten erwarten,
die über Jahre im ständigen Zwiegespräch
mit den Ministern sind, die mit ihnen reisen, mal in
die Türkei, mal nach Amerika, mal nach Moskau.

Klaus Bölling (1928–2014),
von 1974 bis 1981 Leiter des Bundespresseamtes,
in: »Medien ohne Moral.
Variationen über Journalismus und Ethik«, 1988

Mediale Eskalationskaskade: dramatisieren, skandalisieren, hysterisieren

Die Mechanismen sind immer die gleichen, weshalb Wiederholungen langweilen, wenn man die Stereotype durchschaut hat. Der meckernde Mob versteht nichts von den komplexen Zusammenhängen und den komplizierten Verrenkungen, zu denen die demokratischen Wahlaristokraten gezwungen werden für unser aller Wohl, lautet der unausgesprochene Kommentar. Gelegentlich redet dieser oder jener Elitensprecher in Rage Klartext. Vielleicht erinnert sich der eine oder andere Fußballfan noch an den Wutausbruch von Bayern-Präsident Uli Hoeneß auf der Jahreshauptversammlung des Vereins 2007. Dem Patriarchen blies der Wind damals ziemlich scharf ins Gesicht, die Fans monierten den Bau der Allianz Arena in München und die damit verbundene Kommerzialisierung sowie das Geschäftsgebaren der Vereinsführung.

Hoeneß, mit hochrotem Kopf im Präsidium sitzend, polterte los: »Was glaubt ihr eigentlich, was wir das ganze Jahr über machen, damit wir euch für sieben Euro in die Südkurve gehen lassen können? Was glaubt ihr eigentlich, wer euch finanziert? Die Leute in den Logen, denen wir das Geld aus der Tasche ziehen. Das *(der Bau der Arena – W. B.)* hat 340 Millionen Euro gekostete. Das ist mit sieben Euro in der Südkurve nicht zu finanzieren.«

In unverstellter Direktheit artikulierte der Fußballfunktionär, Multimillionär und Wurstproduzent aus Fürth das Denken seiner Klasse – ehe er im März 2014 vom Münchner Landgericht zu dreieinhalb Jahren Haft und ein wenig Demut verurteilt werden sollte, weil er dem Fiskus 28,5 Millionen Euro Steuern vorenthalten hatte.

Was offenbarte dieser Ausbruch?

Erstens: Die Oberen verteilen Wohltaten an die da unten (»Was glaubt ihr eigentlich, wer euch finanziert?«).

Zweitens: Die Entscheidungen der Obrigkeit stehen außerhalb jeder Kritik. Basta. (Sagte auch Bundeskanzler Schröder auf einem Gewerkschaftskongress in Leipzig, als es um die Rentenreform ging: »Wir werden das machen. Basta!«)

Drittens: Den unwissenden Armen wird ihre Armut vorgehalten (»Mit sieben Euro in der Südkurve ist das nicht zu finanzieren.«).

Viertens: Verursacher der Stimmung ist nicht die Führung, sondern das Fußvolk. »Für die Scheiß Stimmung seid ihr doch verantwortlich und nicht wir!« So soll schweigende Demut und Wohlverhalten erzeugt werden.

Wer ausspricht, was die Klasse denkt, wird von Seinesgleichen gerüffelt. Selbst Bundespräsidenten werden in solchen Fällen in die Schranken gewiesen. Horst Köhler – 2004 mit dem höchsten Amt im Staate belohnt, vermutlich weil er als Staatssekretär 1990 die maßgebenden Strippen zog bei der Herstellung der deutschen Währungs-, Wirtschafts- und Sozialunion – musste seinen Hut als Bundespräsident nehmen, weil er bei seiner Rückkehr von einem Besuch der deutschen Truppen in Afghanistan in verquastem Deutsch, aber offenherzig bekannt hatte, »dass ein Land unserer Größe mit dieser Außenhandelsorientierung und damit auch Außenhandelsabhängigkeit auch wissen muss, dass im Zweifel, im Notfall auch militärischer Einsatz notwendig ist, um unsere Interessen zu wahren«.

Das wusste schon Carl von Clausewitz vor zweihundert Jahren: »Der Krieg ist eine bloße Fortsetzung der Politik mit anderen Mitteln.«

Aber wenn man's nicht nur praktiziert, sondern auch noch einräumt, gibt es Ärger im Oberhaus. Wenn ein Whistleblower wie Köhler gegen die geltende Geschäftsordnung verstößt – aus Unbedarftheit oder aus Selbstsicherheit – hat das spürbare Folgen.

Über die Einhaltung der Geschäftsordnung wachen vornehmlich die Hilfstruppen der Eliten in den Redaktionen. Als »vierte Gewalt« klopfen sie allen auf die Finger, die aus der Reihe tanzen. Dabei geht es in erster Linie um eine quotenträchtige

Hinrichtung und weniger um die vorgebliche Aufklärung. (»Wer mit uns den Fahrstuhl hinauf fährt, fährt ihn mit uns auch wieder runter«, kommentierte Springer-Chef Döpfner die Liquidierung von Köhlers Nachfolger im Schloss Bellevue, Christian Wulff, und verriet dabei auch gleich die wechselseitige Abhängigkeit von Macht und Medien in dieser Bundesrepublik)

Journalisten verunklaren nicht nur Zusammenhänge, verschleiern sie oft (Brecht), vernebeln nicht nur die Hintergründe, sondern sie erklären zudem Halbwahrheiten zur Wahrheit.

Das macht mich wütend.

Ich mokiere mich über die Weise, wie marktbeherrschende Themen gesetzt und andere verschwiegen werden. Wie heiße Luft zur Sensation gemacht wird und zu ihrer Uniform kommt. Und wie der Hall dieser Investigation von Nutzern sogenannter sozialer Medien, die in ihren eigenen Blasen leben, verstärkt wird. So oder so: Sie jubeln mit oder produzieren eigenen Mist. Pardon, das heißt Shitstorm. Auf Englisch klingt selbst »Scheiße« kultiviert.

Erst wird eine Sache dramatisiert. Dann skandalisiert, und schließlich japst das ganze Land, weil die Empörung eine pandemische Hysterie ausgelöst hat. Nicht immer gelingt es, weil die Massen inzwischen abgestumpft sind oder die Methode durchschauen. Vor Jahren, als Deutschlands größtes Boulevardblatt an jedem Tag noch über sechs Millionen Zeitungen verkaufte, kreierte es eigene Nachrichten mit dem Zusatz »Ganz Deutschland diskutiert …« Das war schon damals eine maßlose Übertreibung. Heute gelingt dies trotz kollektiver Anstrengungen der Print- und elektronischen Medien nicht mehr. Erregung lässt sich nicht dauerhaft hochhalten; selbst an Kriege gewöhnt sich der Mensch. Und viele lesen auch keine Zeitung mehr.

Aber es wird immer mal wieder versucht, nach der Köhler-Wulff-Methode – also durch Mobilisierung von Moral – Personen »abzuschießen«, wenn diese sich nicht einfügen und nicht die vorgegebenen Regeln akzeptieren.

Etwa wenn ein Ostdeutscher etwas macht, was ihm nach der westdeutschen Geschäftsordnung nicht zusteht. Zum Beispiel einen defizitären Zeitungsverlag einem westdeutschen Verleger abkaufen und damit selbstbewusst den westdeutschen Konkurrenten den Mittelfinger zeigen. So im September 2019 in Berlin geschehen.

Ein damals 53-Jähriger hatte in der IT-Branche einiges Kapital gemacht (und verdient es dort auch noch immer, um damit den den laufenden Betrieb der Zeitung zu finanzieren). Allein damit hatte sich der Ostdeutsche eines Sakrilegs schuldig gemacht. Er verärgerte insbesondere deshalb, weil er das seit nunmehr fast dreißig Jahren von einer bundesweit tätigen Aufarbeitungsindustrie gepflegte Narrativ des Stasi-Mauer-Schießbefehl-Unrechtsstaates DDR infrage stellte und deren Protagonisten obendrein zu Wort kommen ließ, welches ihnen von anderen entzogen worden war und allenfalls als Hohn und Spott zugelassen wurde.

Keine zwei Monate schaute man zu.

Die *Welt am Sonntag* aus dem Hause Springer »enthüllte« am 17. November 2019, dass der Eigentümer des Berliner Verlages »unter dem Decknamen ›Peter Bernstein‹ als Inoffizieller Mitarbeiter für die Stasi tätig« gewesen sei. Die Stasi-Unterlagenbehörde habe auf Antrag von »rund 125 Seiten« achtzig »zur Verfügung gestellt«.

Der Westen zog also sein schärfstes Schwert, das er seit 1990 stets einsetzt, wenn Ostdeutsche aus dem Weg geräumt werden mussten (und wird dies mit der sogenannten Regelanfrage auch noch bis 2030 tun).

Die einschlägig bekannten Gralshüter hoher Sittlichkeit und Moral lieferten erwartungsgemäß ihren Senf, etwa Hubertus Knabe auf *Focus online* vier Tage später. (Sein im Internet verbreiteter Text trägt allerdings ein Postskriptum: »Dies ist eine vom Autor des Artikels, Hubertus Knabe, am 4. Februar 2020 korrigierte und aktualisierte Version seines Textes vom 21. November 2019. Mit der neuen Fassung reagiert der Autor auf juristische Schritte, die Holger Friedrich über seinen Anwalt Christian Schertz gegen Knabe eingeleitet hat. In einer Unterlassungsforderung vom 3. Februar 2020 wirft Friedrich Knabe ›unwahre Tatsachenbehauptungen‹ vor.«)

Die westliche Medien-Meute – von *dpa* über *Tagesspiegel, Zeit online, Spiegel* bis hin zum öffentlich-rechtlichen *Deutschlandfunk,* also alle deutschen »Qualitätsmedien« – fiel in Schnappatmung und machte sich sofort über den Nestbeschmutzer F. her. Uwe Vorkötter, bis zu seinem Rauswurf durch den seinerzeitigen Verlagseigner Alfred Neven DuMont 2012 Chefredakteur der *Berliner Zeitung,* verbreitete, Friedrich habe sich als Verleger »disqualifiziert«. Und Julian Reichelt, damals noch Chefredakteur der *Bild,* twitterte am 15. November 2019: »Dreißig Jahre nach dem Mauerfall ist die @berlinerzeitung wieder in Stasi-Hand.«

Im Unterschied zu anderen mit der Stasi-Keule Erschlagenen hielt Friedrich selbstbewusst gegen: Er konnte es sich ökonomisch leisten. Die Ehre kam ihm – im Gegensatz etwa zur mittellosen Katharina Blum (siehe Heinrich Böll: »Die verlorene Ehre der Katharina Blum«, 1974) – nicht abhanden. Doch auch er erfuhr, was seinerzeit Böll konstatiert hatte: »Die Gewalt von Worten kann manchmal schlimmer sein als die von Ohrfeigen und Pistolen.«

Die Journaille behielt den ostdeutschen Nonkonformisten im Visier und nutzte jede sich bietende Gelegenheit, den bekannten Sermon zu wiederholen, denn die übliche Trias – Knieschuss, Bauchschuss, Kopfschuss – fiel mangels Munition aus.

2023 hoffte man, Friedrich endlich zur gesellschaftlichen Schlachtbank führen zu können, indem er als Russenversteher, Chinesenfreund und als

Informantenverräter vorgeführt wurde. Im Februar 2023 hatte Friedrich das »Manifest für Frieden«, initiiert von Alice Schwarzer und Sahra Wagenknecht, unterzeichnet, weil auch er das Morden und Zerstören in der Ukraine nicht mit weiteren Waffenlieferungen verlängern wollte. Im Mai folgte er einer Einladung zum »Tag des Sieges« in die Botschaft der Russischen Föderation.

Im Unterschied zu anderen Vorsitzenden der Fraktionen im Deutschen Bundestag hatte der Ko-Chef der AfD diese Einladung angenommen. Nun mag man den Russen vielleicht ein wenig Naivität in Bezug auf das politische Establishment und dessen Hofschranzen vorwerfen, was jedoch keine sonderliche Beachtung verdiente. Aber Friedrichs Anwesenheit und die von Chrupalla waren mehr als eine Schlagzeile und die Insinuation wert, dass beide etwas miteinander hätten. Das Verdikt »rechte Ecke« kommt im Land der Demokratie-Heuchler und gutgläubigen Gutmenschen immer gut, es wurde bundesweit kolportiert.

Begleitet wurde diese Unverschämtheit von einer anderen Infamie. Springer-Chef Döpfner hatte im Herbst 2021 Chefredakteur Reichelt gefeuert, nachdem sich die Vorwürfe gehäuft hatten, dass dieser seine Stellung intern benutzt habe, junge Frauen in der Redaktion sexuell gefügig zu machen. Die Vergewaltigung der Wahrheit hingegen war in diesem Hause nie anstößig und blieb folgenlos, konkreter Sexismus schon.

Um seinen einstigen Arbeitgeber zu treffen, hatte Reichelt einigen Redaktionen – darunter auch der der Berliner Zeitung – ein in seinen Augen die Führung des Springer-Verlages belastendes Material zugespielt. Natürlich in der Annahme, die Konkurrenz werde dies publizieren. Er wollte sich damit augenscheinlich an seinem einstigen Arbeitgeber rächen. Aber bekanntlich hackt eine westdeutsche Krähe einer anderen kein Auge aus. Friedrich ließ sich ebenfalls nicht missbrauchen, sondern informierte die Springer-Spitze über die Denunziation ihres ehemaligen Angestellten. »Wir kamen zu dem Schluss, dass es hier nicht um eine Berichterstattung im öffentlichen Interesse ging, sondern um den Versuch von Herrn Reichelt, die *Berliner Zeitung* für seinen wirtschaftlichen Vorteil zu instrumentalisieren«, begründet Friedrich seinen Schritt.

Daraufhin schlossen sich sofort fest die Reihen hinter Reichelt. Friedrich habe Reichelt verpfiffen, ihn verpetzt und das heilige Recht des Informantenschutzes verletzt. Dafür wurde Friedrich vom Presserat sogar gerügt. Es gab Klagen und Widerklagen, ein Verfahren jagte das nächste, wie das in einem Rechtsstaat so üblich ist, solange die Kläger und die Beklagten es sich finanziell eben leisten können. Reichelt verglich sich irgendwann mit Springer, die Waffen verstummten an dieser Front.

Das Feuer auf den ostdeutschen Verleger Friedrich hingegen ging und geht weiter, einen Waffenstillstand gab es nicht. »Sein Ethos ist der Verrat«

hatte die *Frankfurter Allgemeine Zeitung* einen Beitrag über Friedrich getitelt und die Entscheidung der 67. Zivilkammer des Berliner Landgerichts getadelt. »Sie hat entschieden, dass Verleger Friedrich den Informanten Reichelt an dessen ehemaligen Arbeitgeber Springer verraten durfte.«

Die Wehklage der Edelfedern galt natürlich höherem Interesse. »Folgten wir Friedrich und der 67. Zivilkammer des Berliner Landgerichts, wäre es mit der Aufdeckung von Missständen, Whistleblowern, Enthüllungsrecherchen vorbei. ›Selbst dort, wo der Quellenschutz nicht gilt, gibt es professionelle Standards, wonach Interna oder Informationen von Dritten nicht ohne Zustimmung verwendet werden dürfen‹, schreibt der Verleger Friedrich. Wäre das so, könnte die Presse einpacken, Geheimhaltung würde Gesetz, derjenige, der Wahrheit ans Licht bringen will, würde kriminalisiert. Das sind die Konsequenzen, die hinter dem Geschwurbel des Verlegers Friedrich stecken«, hieß es am 13. Juli 2023 in der *FAZ*.

Ich will jetzt auf die juristische Auseinandersetzung nicht weiter eingehen, weil sie immer undurchsichtiger wurde, je länger sie sich hinzog und die Winkeladvokaten ihrem Affen Zucker gaben. Nur noch den vorläufigen Höhepunkt der medialen Auseinandersetzung möchte ich noch erwähnen, den die *Neue Zürcher Zeitung* am 16. Dezember 2023 setzte. Dieser Beitrag machte auch dem letzten Leser bewusst, dass es sich hier tatsächlich um eine ideologische Klassenschlacht handelte und nicht um billigen Konkurrenzkampf von Verlagen oder Rechthaberei unter Verlegern.

Holger Friedrich hatte Ende November in Beijing an einem Kongress teilgenommen und darüber in seiner Zeitung unter der Überschrift berichtet: »Marx reloaded: Treffen der modernen Marxisten in China«. Zunächst versteckte sich die Schweizer Postille hinter deutschen Blättern. »Der Beitrag hat in deutschen Medien für Häme gesorgt. Die *Frankfurter Allgemeine* ätzte über ›Journalismus, wie er in China praktiziert wird‹ – und warf Friedrich vor, mit dem Regime zu sympathisieren. Ob dieser bloß naiv ist oder ob er sich aus politischer Überzeugung instrumentalisieren lässt, bleibt offen. Sein an Parteizeitungen wie die *Peking Rundschau* erinnernder Bericht passt jedenfalls zu jenem ›antiimperialistischen‹ Weltbild, das der ehemalige DDR-Bürger Friedrich wiederholt offenbart hat.«

Und damit sprang die Katze aus dem Züricher Sack.

»Diese Sicht ist unter Altmarxisten und DDR-Nostalgikern verbreitet« schrieb die *NZZ* weiter. »Die Verbrechen des Regimes, darunter Massenhinrichtungen und eine Hungersnot mit Millionen Toten, spielt er *(also Friedrich – W. B.)* herunter.« Jaja, denn in jedem Zeitungsbeitrag über Deutschland werden auch stets die Kriegsverbrechen der deutschen Wehrmacht, der Holocaust und die Euthanasiegräuel, die Morde in den

Konzentrationslagern und kriminelle Menschenversuche erörtert …

Die *Berliner Zeitung* habe in einem Interview, das mit Chinas Botschafter geführt wurde, der »Propagandaphrase, wonach ›China‹ (also die Kommunistische Partei) 800 Millionen Menschen ›aus der Armut geholt‹ habe«, nicht widersprochen. Hielt man dem China-Reisenden und Zeitungsbesitzer vor.

Warum sollte er widersprechen? Ohne diese erfolgreichen Anstrengungen der Volksrepublik würden noch mehr Menschen weltweit chronisch hungern als von der Statistik erhoben. Die Zahl der Hungernden ist inzwischen auf über 800 Millionen Menschen gestiegen, über neun Prozent der Weltbevölkerung litten Not, heißt es. Durch Kriege und Krisen hat sich die weltweite Hungersituation seit 2015 kaum verbessert, berichtete die Welthungerhilfe. Das seinerzeit von der UNO ausgegebene Ziel »Kein Hunger bis 2030« wird vermutlich nicht erreicht werden.

»Der Krieg gegen die Ukraine und der Klimawandel verschärften die Situation«, meldete die *Tagesschau* am 12. Oktober 2023. »43 Länder verzeichneten weiterhin ein sehr ernstes Hungerniveau, und in 18 Ländern hat der Hunger seit 2015 noch einmal zugenommen.« Und in dieser Statistik waren die Millionen Palästinenser noch nicht erfasst, denn Vertreibung und Bombardements im Gaza-Streifen begannen erst im Oktober 2023 …

»Interessanterweise dürfen Chinas Kommunisten nicht nur auf die Unterstützung von Ostalgikern zählen. Auch bürgerliche Politiker und Journalisten lassen sich immer wieder für Propagandazwecke einspannen«, schloss die *NZZ* ihre Nachrede auf Friedrich besorgt. »Möglich ist das auch, weil sich in den letzten Jahren einige konservative Transatlantiker von den USA abgewandt haben.«

Bemerkenswert, wie klein der Horizont in Zürich sein kann. Vielleicht liegt das an den hohen Bergen ringsum. Die Welt wendet sich doch nicht von den USA ab und den Chinesen zu, weil dies »einige konservative Transatlantiker« taten, sondern weil die einstige Weltmacht in jeder Hinsicht im Niedergang ist. Die von den USA forcierte Globalisierung hat den Prozess noch beschleunigt. Kamen nach dem Zweiten Weltkrieg etwa sechzig Prozent der globalen Wirtschaftsleistungen aus den USA, waren es 2020 nur noch sechzehn. 2021 betrug der Anteil Chinas an den weltweiten Exporten bereits fünfzehn Prozent, jener der USA keine acht Prozent – also knapp die Hälfte.

Ein guter Indikator für den Niedergang der USA ist auch die Stellung zum Dollar. Wurden 1970 noch 77 Prozent aller Währungsreserven in Dollar angelegt, waren es 2019 gerade noch fünf Prozent …

Das wird zwar gelegentlich in den Medien erwähnt, aber nicht mit der gleichen Leidenschaft eingefordert, mit der Abweichungen vom vorgegebenen Meinungsbild von den Mainstream-Medien niederkartätscht werden.

Letztlich kann ich Georg Christoph Lichtenberg (1742–1799) zustimmen, der nicht nur ein grandioser Naturwissenschaftler und der erste deutsche Professor für Experimentalphysik im Zeitalter der Aufklärung war. Er erfand die »Sudelbücher«, in die er Gedankensplitter und Einfälle notierte. Die meisten waren zeitlos und haben auch in zweihundert Jahren nicht ihre Gültigkeit verloren, wie ich beim kritischen Studium der gegenwärtigen Medien feststellen musste: »Die gefährlichsten Unwahrheiten sind Wahrheiten, mäßig entstellt.«

Merke:
Keine Zeitung zu lesen schützt natürlich vor Verblödung und trifft die Verlage ökonomisch. Im Interesse der sittlichen Aufklärung wäre es hingegen besser, den Zeitungen den Warencharakter zu nehmen und ihnen den ursprünglichen wahren Charakter zurückzugeben.

Es fällt mir schwer, jungen Leuten zu sagen,
dass wir am Arsch sind.
Nicht, dass ich es nicht trotzdem tue.
Jemand hat mich mal gefragt, wie ich so optimistisch
bleibe. Ich war nie optimistisch! Alles, was ich je getan
hab, habe ich »trotzdem« getan.

Joan Baez,
US-Folksängerin und Stimme
der Friedensbewegung gegen den Vietnamkrieg,
in: *Tagesspiegel,* 29. Dezember 2023

Investieren in Köpfe

Wenn, wie bei meinem Lieblingsverein Union, eine Pechsträhne nicht enden will, heißt der Befund, es sei eine Kopfsache. Das hat weniger mit Bildung, sondern mehr mit Einstellungen zu tun. Oder wie man heute sagt: mit Mentalität, die man »auf den Platz« bringen müsse. Wenn dies nicht gelingt, kann sich der Spieler auch nicht belohnen und der Mannschaft helfen …

Das Fußballer-Deutsch kommt bisweilen sehr albern und stereotyp daher.

Mit dem Politikersprech ist das kaum anders. Frau Strack-Zimmermann von der FDP und Frau Baerbock von den Grünen zum Beispiel haben noch nie eine Knarre in der Hand gehabt, doch sie bringen die Mentalität zum Siegen auf den Kriegsschauplatz. Helfen sie damit irgendjemandem? Nein. Allenfalls jenen, die diese Mordinstrumente produzieren. Macht die Granate »puff«, ist eine Menge Steuergeld verbrannt und viel Feinstaub und anderer Dreck in die Umwelt gelangt. Und der Wert der Rüstungsaktien wurde zum Steigen gebracht. Aktie heißt auch Wertpapier. Als ich mir dies bewusst machte, begriff ich endlich, was unter wertebasierter Politik des Westens zu verstehen ist.

Wegen dieser Werte sind eine Menge Leute daran interessiert, dass möglichst lange und viel in der Ukraine geschossen wird. Denn einen anderen Grund vermag ich in diesem Krieg aktuell nicht zu erkennen. Den Ukrainern wird es nicht gelingen, die Russen außer Landes und von der Krim zu vertreiben. Und für die Russen war schon am zweiten Tag die »Spezialoperation« gescheitert, als ihre Panzer sechzig Kilometer vor Kiew steckenblieben und umdrehen mussten, weil der Nachschub nicht nachkam. Der Sturz des Kiewer Regimes fiel aus, die angekündigte Säuberung des Landes von Faschisten unterblieb. Als Faustpfand bei Waffenstillstandsverhandlungen werden die besetzten Territorien offenbar auch nicht eingesetzt, denn es gibt erkennbar kein Interesse an bilateralen Gesprächen. Jedenfalls kommt weder aus dem Kreml noch aus Kiew ein Echo auf diverse Vermittlungsangebote aus Asien, Afrika, Südamerika und dem Vatikan.

Wir haben es also mit einer der großen Fragen unserer Zeit zu tun: Was will Putin?

Die Frage, was der Westen mit seinem Schauspieler in Kiew will, ist nämlich beantwortet. Siehe oben. Bleibt also nur diese eine Frage nach der russischen Strategie.

Allerdings, und das macht es nicht ganz so einfach und hindert unsereinen daran, hirnlos mit den Westwölfen zu heulen, was eben diese von jedermann und jederfrau verlangen, wo es doch um »Werte« geht. Auch Russland hat nämlich ein legitimes Sicherheitsinteresse, das bedacht werden sollte.

Man stelle sich die Reaktion der USA vor: In kalifornischen Gewässern patrouillierte die halbe chinesische Flotte, wie's die amerikanische im Ost- und im Südchinesischen Meer zu halten pflegt. Oder Mexiko schlösse mit Russland einen Militärpakt. (Wir erinnern uns der sowjetischen Raketen auf Kuba zu Beginn der sechziger Jahre und was daraus wurde. Aber auch, wie zwei willensstarke und durchsetzungsfähige Politiker – Kennedy und Chruschtschow – aus eben jener Krise kamen, ohne das Gesicht zu verlieren. Dazu muss man allerdings auch eines besitzen: ein Gesicht.)

Russland fühlt sich seit Jahren insbesondere von der NATO bedrängt, ausgegrenzt, gedemütigt, beleidigt (Obama: »eine Regionalmacht«). Die seit Jahrzehnten vom flächengrößten Staat der Welt diplomatisch geäußerten Einwendungen und moderat vorgetragenen Ansprüche wurden stets hochmütig vom Westen ignoriert. Moskau predigte tauben Ohren.

Ich entsinne mich des KSZE-Nachfolgetreffens Ende 1994 in Budapest. In jüngster Zeit verwies man gelegentlich auf das *Budapester Memorandum*, in welchem ehemalige Sowjetrepubliken, darunter auch die Ukrainische Sozialistische Sowjetrepublik (USSR), sich zur Überführung der auf ihrem Territorium stationierten Nuklearwaffen nach Russland – dem Nachfolgestaat der Sowjetunion – verpflichtet hatten. Anlass für diese Erinnerung waren zweideutige Bemerkungen des Kiewer Staatsschauspielers, dass sich die Ukraine vielleicht um Atomwaffen bemühen solle …

Bei jenem Treffen in der ungarischen Hauptstadt hatte es einen heftigen Zusammenstoß zwischen US-Präsident Bill Clinton und dem ausnahmsweise stocknüchternen Boris Jelzin gegeben. Die *ARD*-Tagesschau berichtete am 5. Dezember 1994: »Nach einer Mahnung an die Kriegsparteien in Jugoslawien befürwortet Bill Clinton eine Ausdehnung der NATO nach Osteuropa in die Staaten des früheren Warschauer Paktes Richtung Russland. Boris Jelzin antwortet sofort und nimmt kein Blatt vor den Mund. ›Was bedeutet denn das für Russland? Soll es jetzt statt eines Kalten Krieges einen Kalten Frieden geben? Wollt ihr die russische Demokratie jetzt schon begraben? Warum dieses Misstrauen? Eine Ausdehnung der NATO bis nach Russland – nein!‹«

Jelzins Nachfolger Wladimir Putin wiederholte nicht zum ersten und auch nicht zum letzten Mal dieses Njet auf der Münchner Sicherheitskonferenz im Februar 2007. Und präferierte – unter anderem im Deutschen Bundestag im Jahr 2001 – einen gemeinsamen eurasischen Wirtschaftsraum vom Atlantik bis zum Pazifik. Das aber wollte die übriggebliebene »Supermacht« nicht hinnehmen. Es passte nicht in die Vorstellungen der USA von der Neuordnung der Welt. Konkurrenten mussten ausgeschaltet, nicht unterstützt werden.

Gut, das alles ist vergossene Milch und keine Rechtfertigung für den Ukrainekrieg. Für Kriege gibt es keine Entschuldigung. Wohl aber Erklärungen, die zu den Ursachen führen. Ursachen aber lassen sich beseitigen.

Viele, die sich sonst als Pazifisten verstehen, zeigten sich unfähig, den Platz *zwischen* den Fronten zu finden. Um nicht als »Putin-Versteher« denunziert zu werden, flüchten sie sich ins NATO-Lager, hängen blaugelbe Fähnchen in den Wind und fordern Waffen für die Ukraine. Jeder Schuss ein Russ … Denn wer wie einst Bertha von Suttner »Die Waffen nieder!« fordert, gilt hierzulande bereits als Fünfte Kolonne Moskaus.

Der Gründungskonsens der ostdeutschen Republik lautete: Nie wieder Faschismus, nie wieder Krieg! Und: Von deutschem Boden darf nie wieder Krieg ausgehen! Darin waren sich Kanzler Kohl und Generalsekretär Honecker am Grabe Tschernenkos in Moskau 1985 einig. »Wir hatten eine Pressemitteilung vorbereitet«, erinnerte sich Egon Krenz im zweiten Band seiner Memoiren, die Kohl und Honecker »in freundschaftlicher Atmosphäre« gemeinsam redigierten. Sie formulierten: »Die Unverletzlichkeit der Grenzen und die Achtung der territorialen Integrität aller Staaten in Europa in ihren gegenwärtigen Grenzen sind eine grundlegende Bedingung für den Frieden.«

Ein Satz von zeitloser Gültigkeit.

»Es war darum so etwas wie ein Treppenwitz der Geschichte, dass zwölf Jahre später das Berliner Landgericht […] diese Formel in einen ›ideologischen Schießbefehl‹ umfunktionierte und mich dafür sechseinhalb Jahre ins Gefängnis schickte«, monierte Krenz. Aber auch andere, wie wir erlebten, hielten sich weder an diese Formel noch an das Völkerrecht.

Allerdings währt das Kurzzeitgedächtnis der Völker nicht lange, insbesondere dann nicht, wenn es von den Medien mit Dreiviertel- und Halbwahrheiten gefüttert wird und im Geschichtsunterricht vielleicht nur ein Bruchteil von dem erzählt wird, was zu wissen nötig wäre, um die Welt annähernd zu verstehen.

Warum etwa die USA so handeln, wie sie es tun, und warum es uns – Deutschland, Westeuropa, der Welt – nicht gut tut, diesem Beispiel zu folgen und sich bedingungslos unter einen US-»Schutzschirm« zu flüchten.

Die USA kennen keine Selbstkritik. Sie wollen »führen« und sich nicht mit ihrer Vergangenheit beschäftigen (abgesehen vielleicht von einigen Hollywood-Autoren und anderen klugen Köpfen). Verdrängt aus dem öffentlichen Bewusstsein ist der Bürgerkrieg, der als der blutigste Konflikt gilt, den die Amerikaner je ausgetragen haben. Er kostete über 600 000 Soldaten und ungezählten Zivilisten das Leben. 1861 waren die Südstaaten aus der Union ausgetreten, weil sie nicht von der Sklaverei lassen wollten. Vier Millionen Leibeigene schufteten dort auf den Plantagen – bei zehn Millionen Einwohnern. Präsident Lincoln, erklärter Gegner der

Sklaverei, zog namens der vereinigten Nordstaaten gegen die Südstaaten zu Felde.

Vielleicht tut man ihm Unrecht, wenn man dem Farmersohn die edlen Motive abspricht, die ihm die nationalpatriotische Historie zuschreibt. Vielleicht lohnte sich die Sklaverei in den Nordstaaten nur nicht, weil es dort keine Bauwollplantagen gab und folglich auch keine Pflanzeraristokratie, und man hatte begriffen, dass bei der Industrialisierung in Stadt und Land Lohnarbeit viel effektiver als Sklavenarbeit war. Dass also nicht reine Menschenfreundlichkeit und christliche Nächstenliebe, sondern die wirtschaftliche Entwicklung im Norden die politische Entscheidung erzwang, die antiquierte Sklaverei im Süden zu beenden.

In den Bundesstaaten des Nordens lebten 1860 mehr als zwanzig Millionen Menschen. Sie verfügten über die meisten Ressourcen und das größte Eisenbahnnetz der Erde, hatten in vielen Bereichen bereits die britische Industrie überholt, bauten Metropolen und konnten eine höhere Alphabetenrate als die Staaten Europas vorweisen. Im Süden dagegen gab es kaum größere Städte, kaum Industrie oder modernes Kapital. Wohl aber »die Oligarchie der 300 000 Sklavenhalter« (Marx) …

Dieser nationale Krieg der Nord- gegen die Südstaaten besaß eine weltpolitische Dimension. In jener Zeit stellte die Baumwollproduktion eine Schlüsselindustrie dar, weltweit waren dort etwa zwanzig Millionen Menschen tätig. Allein aus den

Südstaaten der USA kamen sieben Achtel der Weltproduktion des »Erdöls des 19. Jahrhunderts«, wie die Baumwolle auch genannt wurde. Durch den Bürgerkrieg in den USA brach der Baumwoll-Export zusammen, die Weltwirtschaft geriet in Schieflage. Großbritannien beendete seine »Abhängigkeit« von den USA und importierte fortan Baumwolle aus anderen Kolonien – vorzugsweise aus Ägypten und Indien. Dadurch baute die britische Krone ihren Einfluss in Afrika und Asien aus, ihr Cotton Empire.

Der Zentralrat der Internationalen Arbeiterassoziation, also die Führung der I. Internationale, gratulierte Lincoln zu dessen Wiederwahl als US-Präsident. Die Genossen in Old Europe zeigten sich zuversichtlich, dass »der amerikanische Krieg gegen die Sklaverei eine neue Epoche der Machtentfaltung für die Arbeiterklasse einweihen wird. Sie betrachten es als ein Wahrzeichen der kommenden Epoche, dass Abraham Lincoln, dem starksinnigen, eisernen Sohn der Arbeiterklasse, das Los zugefallen ist, sein Vaterland durch den beispiellosen Kampf für die Erlösung einer geknechteten Rasse und für die Umgestaltung der sozialen Welt hindurchzuführen«, hieß es im *Social-Demokrat* am 30. Dezember 1864.

Ob der »eiserne Sohn der Arbeiterklasse« diese hohen Erwartungen erfüllt hätte, steht dahin: Abraham Lincoln wurde kein halbes Jahr später ermordet. Ein Südstaaten-Fanatiker erschoss ihn, aber das Attentat war Teil einer großen Verschwörung.

Dass Lincolns guter Ruf und die positive Sicht auf diesen Mann in der Arbeiterbewegung fortlebte, bewies unter anderem die Tatsache, dass die antifaschistischen Freiwilligen in den Internationalen Brigaden, die sieben Jahrzehnte später die Spanische Republik gegen die spanischen, deutschen und italienischen Faschisten verteidigten, eine Einheit nach dem US-Präsidenten benannten. Überlebende Veteranen des Lincoln-Bataillons, inzwischen hochbetagt, engagierten sich später öffentlich bei Protesten gegen die Kriege der USA in Vietnam und im Irak.

Abraham Lincoln – auch sein Porträt wurde in Mount Rushmoore in den Fels gehauen – gilt neben dem Staatsgründer George Washington und Franklin D. Roosevelt als der beste Präsident der USA. Gern berufen sich darum seine Nachfolger auf ihn. Präsident Obama legte zwei Mal seine Hand auf Lincolns Bibel, als er seinen Amtseid sprach. Aber mehr als eine symbolträchtige Geste ohne sichtbare Konsequenzen war dies wohl nicht.

Hingegen provozierten andere US-Präsidenten nachhaltige Folgen, ohne dass sich dies in Bekanntheit oder in Umfrageergebnissen niederschlug. Eine dieser kaum bekannten Persönlichkeiten war der Demokrat Thomas Woodrow Wilson, von 1913 bis 1921 Präsident der USA. Er war Nachfahre schottischer Einwanderer und Sohn eines Pfarrers, der sich wie selbstverständlich Sklaven hielt. Woodrow Wilson studierte an verschiedenen Bildungseinrichtungen Jura, Geschichte und Politikwissenschaften und promovierte an der Johns Hopkins University in Baltimore als Doktor der Philosophie. 1910 wurde er, inzwischen Professor für Geschichte und Volkswirtschaftslehre und Rektor der Universität in Princeton, zum Gouverneur von New Jersey gewählt. Seine Popularität in der Wählerschaft gründete einzig auf der Tatsache, dass er zuvor kein politisches Amt ausgeübt hatte und darum erklärtermaßen gegen das Parteiestablishment antrat. Er warb mit dem Versprechen, sich die Amtsführung nicht von einem Parteiapparat vorschreiben zu lassen. Das überzeugte das Wahlvolk, weshalb Wilsons Parteiobere, wenngleich widerwillig, ihn als Präsidentschaftskandidat der Demokraten nominierten. Wilson wurde Ende 1912 ins höchste Staatsamt der USA gewählt. (Diese Rolle des Außenseiters, des Underdog, sollte auch noch hundert Jahre später die Wählerschaft in den USA beeindrucken, indem sie für den Republikaner Donald Trump stimmte.)

Aus seiner Abneigung gegen Afroamerikaner machte Woodrow Wilson kein Hehl. Von den siebzehn Farbigen, die sein Vorgänger in Leitungspositionen berufen hatte, entließ er fünfzehn unmittelbar nach Amtsantritt. Für die bediensteten Nicht-Weißen in der Administration wurden separate Toiletten und Kantinen eingerichtet, in die Büros zog man Wände ein, die die weißen von den farbigen Mitarbeitern trennten.

Auch im Militär sorgte Wilson wieder für Rassentrennung, die während des Bürgerkriegs abgeschafft worden war. Und nicht zuletzt: Er brachte viele weiße Südstaatler in seiner Administration unter. Deshalb konnte Woodrow Wilson auch bei Kabinettssitzungen üble rassistische Witze erzählen, ohne dass ihm widersprochen worden wäre.

Aus dem Krieg auf dem Kontinent hielt er sich raus, weshalb er 1916 mit dem Slogan »He kept us out of war!« (»Er hielt uns vom Krieg fern«) im Amt bestätigt wurde. Der Sturz des Zaren – die bürgerlich-demokratische Februarrevolution 1917 in Russland – und eine abgefangene deutsche Depesche veranlassten ihn jedoch zur Aufgabe der Neutralität der USA. Anfang 1917 hatte Berlin über die deutsche Botschaft in Washington den deutschen Gesandten in Mexiko unterrichtet, dass a) das Kaiserreich im Februar den »uneingeschränkten U-Boot-Krieg« eröffnen werde und b) Mexiko als Verbündeter gewonnen werden sollte. Deutschland würde in diesem Falle Mexiko bei der Rückgewinnung seiner 1848 an die USA verlorenen Gebiete (über 40 Prozent des einstigen mexikanischen Staatsterritoriums!) unterstützen.

Das verschlüsselte Telegramm war vom britischen Geheimdienst abgefangen und dekodiert worden, was London veranlasste, die Führung der USA zu bitten, ihre Neutralität aufzugeben und sich auf dem europäischen Kriegsschauplatz zu engagieren. Heute würde man meinen, dass es sich um eine clever eingefädelte Geheimdienstoperation gehandelt haben könnte, um die amerikanische Öffentlichkeit zum Kriegseintritt zu bewegen. Am 1. März 1917 lancierte der US-Außenminister das Telegramm in die *New York Times,* und am 2. April erklärte Präsident Wilson vor dem Kongress, der aus zwei Kammern bestehenden Legislative der Vereinigten Staaten: »Ich stelle fest, dass die in jüngster Zeit von der deutschen kaiserlichen Regierung verfolgte Politik nichts Geringeres ist als ein Krieg gegen die Regierung und das Volk der Vereinigten Staaten. Der Kongress möge formell den uns aufgezwungenen Kriegszustand akzeptieren.«

Bei dieser Gelegenheit erinnerte Wilson auch daran, dass der Bruder von Kaiser Franz Joseph – die österreich-ungarische Monarchie war mit dem kriegführenden Deutschen Reich verbündet – 1864 zum Kaiser von Mexiko gemacht worden war, um die USA zu bedrängen und deren Sicherheitsinteressen zu verletzen.

Vier Tage nach Wilsons Rede im Kongress erklärten die USA Deutschland den Krieg. Die diplomatischen Beziehungen waren zuvor abgebrochen worden. Schon im Sommer 1917 kämpften an der Seite von Franzosen und Briten, der sogenannten Entente, etwa eine Million amerikanischer Soldaten in Europa.

Diese detaillierte Vorgeschichte soll verständlich machen, weshalb Wilson kein Jahr später, am 8. Januar 1918, dem US-Kongress ein 14-Punkte-Programm vorlegte. Es war, als Friedensbotschaft verklärt, im Kern ein Konzept zur Neuordnung der Welt.

Der Weltkrieg war 1914 mit dem gleichen Ziel begonnen worden, nämlich mit der imperialen Anmaßung der Großmächte, die Welt nach ihren Vorstellungen neu aufzuteilen. Und zwar gewaltsam.

Diese Absicht zur Neuordnung der Erde wurde allerdings nicht erst im Sommer '14 zur furchtbaren Gewalt, und die beteiligten Staaten schlidderten auch nicht schlafwandlerisch in das große Völkermorden hinein, wie später von einem in Großbritannien lebenden australischen Historiker behauptet wurde. Seit Jahrzehnten schon kämpften die imperialistischen Großmächte um Märkte, Ressourcen und Einflusssphären.

Die USA führten 1898 einen Krieg gegen das Königreich Spanien, siegten und verleibten sich Puerto Rico, Guam und die Philippinen ein, während Kuba ein von den USA abhängiger, aber als selbstständig ausgegebener Staat wurde. Von 1899 bis 1902 bekriegte Großbritannien die Burenstaaten Oranje und Transvaal, der Waffengang in Afrika endete mit Eingliederung Südafrikas in das britische Empire. 1904 bis 1905 kämpften Russland und Japan gegeneinander. Die Aggression war von Japan ausgegangen und endete mit Nippons Sieg über das Zarenreich, dem Gewinn des Hafens von Port Arthur, der Hälfte der Halbinsel Sachalin und dem Rückzug der Russen aus der Mandschurei.

Aggressor Italien kreuzte 1911/12 mit dem Osmanischen Reich die Klingen und eroberte Tripolitanien und die Cyrenaika in Nordafrika, nachdem

Rom bereits die Dodekanes, eine griechische Insel-
gruppe, okkupiert hatte. Im Krieg am Mittelmeer
wurden Zeppeline und zum ersten Mal auch Flug-
zeuge eingesetzt, die sowohl Bomben abwarfen als
auch feindliche Stellungen aufklärten.

Der österreichische Imperialismus expandierte
nicht in fernen Regionen, sondern vor der eigenen
Haustür. Die vormals osmanischen Provinzen Bos-
nien und Herzegowina, die sich bereits seit Jahrzehnten unter dem Einfluss Wiens befanden, wurden 1908 in einem einseitigen Akt den Territorien
der Monarchie zugeschlagen, wobei das Deutsche
Kaiserreich Hilfsdienste leistete ...

Die kritische Masse aber, die 1914 zur großen Ex-
plosion gebracht wurde, häufte sich in den Gegen-
sätzen an, die sich zwischen Deutschland und
den etablierten Groß- und Weltmächten, Großbritannien und Frankreich, seit der Jahrhundert-
wende verschärft hatten. Der Staat jenseits des
Großen Teiches war nicht im Kalkül. Das war auch
umgekehrt so: Europa interessierte in den USA
nicht, der europäische Krieg wurde erst dann als
Bedrohung empfunden, als er an die Grenze der
USA vorzurücken drohte – siehe Telegramm aus
Berlin an Mexiko.

Wilsons »Friedensplan« vom 8. Januar 1918 erfuhr einige Dringlichkeit, als in Brest-Litowsk am
3. März 1918 Sowjetrussland und Deutschland ver-
einbarten, die Waffen zu strecken. Nachdem sich
die Amerikaner seit zwei Jahren in Europa engagiert

hatten, wollten sie die Sache auch in ihrem Sinne zum Ende bringen. Eine rein europäische Lösung war in Washington nicht mehr gewünscht.

Militärisch und wirtschaftlich war das deutsche Kaiserreich, seit Jahren eine repressive Militärdiktatur, ausgeblutet. Berlin hoffte sich dadurch zu retten, indem es sich einen parlamentarisch-bürgerlichen Anstrich gab und gegenüber dem Westen kapitulierte, nachdem man sich des Ostens sicher war und sich dort bereits großzügig bedient hatte. Die Rochade fußte auf einer Idee Ludendorffs, eines der höchsten deutschen Militärs. Er hatte Kaiser Wilhelm und der Obersten Heeresleitung am 29. September 1918 vorgeschlagen, a) den USA einen Waffenstillstand anzubieten und b) formell in Deutschland ein parlamentarisches Regierungssystem einzuführen. Und so kam es denn bekanntlich auch.

Der neue Reichskanzler, Prinz Max von Baden, übermittelte am 4. Oktober 1918 an US-Präsident Wilson das deutsche Waffenstillstandsangebot unter Hinweis auf dessen »Friedensbotschaft«, die seit Beginn des Jahres auch in Deutschland auf Flugblättern und von Zeitungen verbreitet worden war.

Zu jener Zeit standen an die zwei Millionen amerikanische Soldaten in Westeuropa.

Im Herbst kamen die Westalliierten in Paris zu einer einwöchigen Konferenz zusammen. Vom 29. Oktober bis zum 4. November 1918 sprachen der britische Premierminister David Lloyd George und der französische Ministerpräsident Georges Clemenceau mit dem Vertrauten von US-Präsident Wilson, Oberst Edward House, über die Waffenstillstandsbedingungen mit dem Deutschen Reich.

Die USA wollten zunächst die Waffenstillstands- und die Friedensverhandlungen getrennt führen, doch mit diesem Anliegen konnte sich US-Oberst House nicht durchsetzen. Die europäischen Verbündeten waren keineswegs bereit, sich den amerikanischen Plänen unterzuordnen. Im Gegenteil: Sie waren entschlossen, den militärischen Vorteil in der aktuellen Kriegslage für sich zu nutzen. Die Gestaltung der europäischen Nachkriegsordnung wollten sie sich nicht von den Amerikanern diktieren lassen. Frankreich und Großbritannien suchten immer wieder den Schulterschluss, um eine zu dominante Rolle der USA zu verhindern.

Die Beratungen mündeten am 5. November 1918 in die sogenannte Lansing-Note, benannt nach dem US-Außenminister Robert Lansing, der sie unterzeichnet hatte. Die Note bildete die Grundlage der harten Waffenstillstandsbedingungen, die der deutschen Delegation am 8. November 1918 im Wald von Compiègne mitgeteilt wurden. Damit sollte das Deutsche Reich völlig kampfunfähig gemacht werden, sodass eine Wiederaufnahme der Kämpfe ausgeschlossen war. Am 11. November – inzwischen hatte eine Revolution in Deutschland das Kaiserreich hinweggefegt – unterzeichnete die deutsche Delegation das Waffenstillstandsabkommen.

Das Diktat stieß in Deutschland in allen politischen Lagern auf heftige Ablehnung. Karl Liebknecht beispielsweise meinte, dass dieser Waffenstillstand zur »Erdrosselung Deutschlands« benutzt werde. Das aber sei mit den Zielen des Proletariats unvereinbar; denn eine solche Erdrosselung würde weder mit dem Ideal eines dauernden noch eines menschenwürdigen Friedens übereinstimmen. »Nicht ein Friede des Augenblicks, nicht ein Friede der Gewalt, sondern ein Friede der Dauer und des Rechts, das ist das Ziel des deutschen wie des internationalen Proletariats.

Aber es ist nicht das Ziel der gegenwärtigen Regierung, die, ihrem ganzen Wesen entsprechend, mit den imperialistischen Regierungen der Entente lediglich einen Frieden des Augenblicks zu schließen vermag; und zwar deshalb, weil sie es verabsäumt, an die Fundamente des Kapitals zu rühren. Solange der Kapitalismus besteht, sind – das wissen alle Sozialisten sehr wohl – Kriege unvermeidlich.«

Und Liebknecht nutzte den Anlass auch zur Attacke auf die Kräfte der Konterrevolution in Deutschland: »Erinnern wir uns doch ihrer grausamen und niederträchtigen Schandtaten, mit denen sie sich noch vor wenigen Wochen und Monaten besudelte. In der Ukraine hat sie Henkersarbeit verrichtet, in Finnland hat sie Tausende von Arbeitern gemordet – das sind die Blutspuren an den Händen des deutschen Imperialismus, dessen Wortführer uns revolutionäre Sozialisten jetzt der Propaganda des Terrors und des Bürgerkrieges in ihrer lügenhaften Presse verdächtigen.« (Wir sehen: In hundert Jahren hat sich nicht viel in der deutschen Propaganda geändert.)

Am 11. November 1918 wurde ab 12 Uhr im Westen nicht mehr geschossen und gestorben, ein Frieden war jedoch nicht geschlossen. Der Kriegszustand dauerte formal fort.

Am 18. Januar 1919 begannen in Paris die sogenannten Friedensverhandlungen. US-Präsident Woodrow Wilson wollte ursprünglich auf neutralem Boden verhandeln und hatte dafür Genf vorgeschlagen, er war damit allerdings nicht durchgekommen. Obwohl seine Berater abrieten, bestand der US-Präsident darauf, persönlich an der Konferenz teilzunehmen. Im sogenannten »Council of Five«, in dem die Regierungschefs von Großbritannien, Frankreich, USA, Italien und Japan saßen, war Wilson das einzige Staatsoberhaupt.

Er wollte »dort mit seiner physischen Präsenz seinem Führungsanspruch und seiner Überzeugung von der wissenschaftlich-objektiven Überlegenheit der amerikanischen Expertise« in der Außenpolitik Geltung verschaffen, urteilte 2018 der deutsche Historiker Marcus M. Payk. Wilson suchte die große Bühne nach dem großen Weltbrand, um sich als Friedensengel zu präsentieren.

Schätzungen gehen davon aus, dass von Januar bis Mai 1919 etwa 12 000 bis 15 000 Personen zur Konferenz nach Paris gekommen waren, davon hundert entscheidungsbevollmächtigte Repräsentanten und rund weitere tausend Teilnehmer in 27 Delegationen. Die restlichen Personen waren Berater, Journalisten, Angestellte und mitgereiste Angehörige.

Die US-Delegation, genannt *American Commission to Negotiate Peace* (ACNP), zählte etwa tausend Köpfe. Das waren fünf Verhandlungsführer, 144 Delegierte und Berater. Zum Tross gehörten Hilfspersonal, Hausdiener, Laufburschen, Ärzte und Angehörige.

Woodrow Wilson und seine Entourage trafen mit dem Schiff bereits am 13. Dezember 1918 in Brest ein. »In der bretonischen Hafenstadt erwartete man den amerikanischen Präsidenten. Die Menschen trugen Festtagskleidung, viele die traditionelle Tracht der Bretagne, die Kinder hatten schulfrei und zogen in Gruppen singend durch die Straßen. Am Bahnhof trafen mehrere Sonderzüge aus Paris ein, denen französische Minister, Abgeordnete, Senatoren, hohe Offiziere entstiegen. Im Hafen nahmen Matrosen und Soldaten Aufstellung«, beschrieb der deutsche Historiker Eckart Conze die Ankunft des US-Präsidenten in Frankreich.

Der französische Außenminister Stéphen Pichon begrüßte Wilson mit den Worten: »Wir sind so dankbar, dass Sie herübergekommen sind, um uns den richtigen Frieden zu bringen.«

Wilson sei »hoffnungslos überschätzt worden«, so Conze weiter. »Er wird von allen Beteiligten ja als Lichtgestalt, geradezu messiasartig, in Europa, in

Deutschland, aber auch außerhalb Europas wie ein Heiliger verehrt.« Es scheint seither Schicksal aller US-Präsidenten zu sein, »hoffnungslos überschätzt« zu werden und bereits vor Amtsantritt mit noblen Preisen geehrt zu werden.

Die Internationale Frauenwahlrechtsbewegung schickte ebenfalls Delegierte nach Paris und versuchte Lobbyarbeit zu betreiben. Sie wollten, dass eine Frauenkommission eingerichtet werde – das lehnte Wilson ab. Das Frauenwahlrecht sei eine nationale Angelegenheit, erklärte er, befürwortete allerdings eine Männerkommission, die von Frauen beraten werden sollte. Dagegen sperrten sich Clemenceau und Lloyd George: Friedensverhandlungen seien keine Frauenangelegenheiten, erklärten sie.

Die Verlierer des Weltkriegs – die Mittelmächte, allen voran Deutschland – waren zu den Verhandlungen nicht zugelassen. Sie durften sich zu den ihnen vorgelegten Entwürfen »ihrer« Friedensverträge nur mit diplomatischen Noten äußern. (Im Januar 2024 kamen Vertreter aus achtzig Staaten im schweizerischen Davos zu einer internationalen Ukrainekonferenz zusammen. Im Mittelpunkt des Treffens stand die sogenannte Friedensformel des ukrainischen Präsidenten Selenski. Russland war nicht geladen. Wie sich doch Bilder und Vorgehen glichen.)

Die Konferenz in Paris pausierte während des Heimatbesuches des US-Präsidenten von Mitte Februar bis Mitte März 1919. Woodrow Wilson versuchte in den USA, Unterstützung für seine Idee eines Völkerbundes, eines internationalen Gremiums, zu bekommen. Zur gleichen Zeit reiste auch der britische Premier David Lloyd George nach Hause, um innenpolitische Reformen auf den Weg zu bringen.

Auf den 77-jährigen französischen Premier und Konferenzpräsidenten Georges Clemenceau wurde am 19. Februar ein Attentat verübt, er konnte der Konferenz jedoch weiter beiwohnen.

Da man sich nach dieser Unterbrechung vornehmlich mit Deutschland beschäftigte, sprechen die Historiker von einer zweigeteilten Konferenz. Sie erhob den idealistischen Anspruch, eine neue, friedliche Nachkriegsordnung zu begründen. Das gelang nicht. Am Ende des Konferenz-Palavers stand die politische und die juristische Absicherung der alten imperialistischen Weltordnung mit einigen, allerdings wesentlichen Verschiebungen der Kräfteverhältnisse.

Eindeutiger Gewinner waren die USA – eindeutiger Verlierer Deutschland und Österreich. Die imperialistischen Konkurrenten machten sie als allein Schuldige haftbar und baten sie in jeder Hinsicht zur Kasse. Diese politische, wirtschaftliche und auch militärische Knebelung trug den Keim des nächsten Krieges in sich.

Die Sowjetregierung war zur Konferenz nicht eingeladen worden. Soweit Russland betreffende Probleme diskutiert wurden, herrschte grober Antibolschewismus vor. Aus der seltsamen Idee Lloyd Georges, sich mit den Bolschewiki »auf halbem Weg« in der Türkei zu treffen, wurde nichts. Die militärische Intervention der Entente und der Tschechoslowakei zugunsten der »weißen« Konterrevolution hatte im Fernen Osten schon begonnen, der Umgang mit Sowjetrussland war darum verlogen und heuchlerisch.

Die USA, Großbritannien, Frankreich und Japan wähnten Sowjetrussland durch die deutschen Angriffe und den Raubfrieden von Brest-Litowsk so geschwächt, dass sie sich einen Teil des Erbes des vermeintlich politischen Leichnams sichern wollten. Im Auftrag von Präsident Wilson besetzten US-Truppen Wladiwostok und schickten sich an, auch Archangelsk im Norden zu okkupieren. Bereits im Sommer 1918 waren britische Truppen in Baku, Murmansk und Archangelsk eingefallen, die Franzosen in Odessa. Mehrere zehntausend tschechoslowakische Legionäre marschierten mit der Armee Koltschaks auf Irkutsk, und Japan rückte mit etwa 70 000 Soldaten ein. (Die Rote Armee vertrieb alle Interventen, der letzte US-Soldat verließ am 1. April 1920 Sibirien, der letzte japanische im September 1922.)

Woodrow Wilson präsentierte auf der Pariser Konferenz seine 14 Punkte. Allerdings sahen Zeitzeugen den Auftritt des US-Präsidenten kritisch, so der Ökonom und Politiker John Maynard Keynes, der der britischen Delegation angehörte. »Zu Beginn der Pariser Konferenz glaubte man allgemein, der Präsident habe mit Hilfe eines großen Stabes von Beratern einen Plan nicht nur für den Völkerbund, sondern auch für die Verkörperung der 14 Punkte in einem ausführlichen Friedensvertrag entworfen. In Wirklichkeit hatte der Präsident nichts entworfen. Als man zur Ausführung seiner Gedanken schritt, waren sie nebelhaft und unvollständig.«

Und der französische Ministerpräsident Clemenceau: »Mr. Wilson ödet mich mit seinen vierzehn Punkten an, selbst der Allmächtige hatte nur zehn.«

Nach der Konferenz reiste Wilson durch die USA, um für den Versailler Vertrag zu werben, bis er im September 1919 einen schweren Schlaganfall erlitt, von dem er sich nicht mehr erholen sollte. 1920 lehnte der US-Senat den Versailler Vertrag ab, die USA wurden nicht Mitglied im Völkerbund, der deswegen ein kraftloses Gebilde blieb – auch wenn Woodrow Wilson für seine Initiative mit dem Friedensnobelpreis ausgezeichnet worden war.

Die Verwendung der Wörter »Nation«, »Nationalität« und »national« und die damit verbundenen Aussagen in diesen 14 Punkten suggerierten, dass es der Herzenswunsch des Präsidenten der USA gewesen sei, den europäischen Staaten ein hohes Maß an Selbstbestimmung zuzugestehen. Allerdings: Schon die autoritäre Verhandlungsführung durch eben jenen US-Präsidenten widersprach dessen wohlfeilen Erklärungen. Was Wunder: Woodrow Wilson war im Dezember 1918 nicht zu Friedensverhandlungen nach Paris gekommen, sondern zur Sicherung der Vorherrschaft der USA in der Nachkriegs-Weltordnung. Nur dem Anschein nach war es ein Konzept für eine europäische, gar globale Friedensordnung.

Wilson plädierte zwar für das Selbstbestimmungsrecht der Völker, aber eben auch für die Ausbreitung des Kapitalismus – um den bis dato vorherrschenden amerikanischen Isolationismus zu überwinden. Zugleich forderte er für die USA das Recht ein, Demokratien in fremden Nationen zu »lenken« oder zu »formen«. Seine Forderung nach freier Schifffahrt auf allen Meeren, die Betonung der offenen Diplomatie, die Ablehnung von Geheimverträgen und die Schaffung kollektiver Sicherheit waren letztlich nur die liberale Umhüllung für die Durchsetzung amerikanischer nationaler Interessen.

Wilsons 14 Punkte können darum nicht anders als ein gescheiterter Versuch der USA gesehen werden, die Welt unter ihre Vorherrschaft zu bringen. Dennoch, und darauf werde ich noch eingehen, handelten und handeln alle nachfolgenden US-Präsidenten nach den von Woodrow Wilson in diesem Papier begründeten Prinzipien. Sein offiziell nie angenommenes Programm bestimmte die Politik der USA im ganzen 20. Jahrhundert.

Sämtliche militärische Operationen, Interventionen und Kriege der Vereinigten Staaten von Amerika wurden – ganz im Wilsonschen Geist – *moralisch* begründet. Und die Begründung geht so: Die

USA sind aufgrund ihrer ökonomischen und politischen Potenz der einzige Garant der internationalen Ordnung, weshalb sie auch über dieser Ordnung stehen und sie folglich auch diktieren müssen, statt sich ihr zu unterwerfen.

Die westlichen Werte wie Demokratie, Freiheit, freie Marktwirtschaft und Menschenrechte werden von keinem Staat so gelebt wie von den USA. Das legitimiert einen »hegemonialen Internationalismus« – die USA führen die internationale Ordnung und sind zugleich strategisch unabhängig: Sie greifen dort aktiv ein, wo allein sie es für nötig erachten.

Im März 2015 sprach Egon Bahr im Berliner Hotel Adlon bei einer Preisverleihung von den Unterschieden der amerikanischen und der europäischen Werte. »Das nationale Interesse der USA ist von der moralischen Gewissheit durchdrungen, das auserwählte Volk Gottes zu sein. Nationalbewusstsein und Sendungsbewusstsein sind unlöslich verschmolzen.« Es sei sinnlos, das zu kritisieren, fügte der Sozialdemokrat an, was fast resignativ klang. »Die amerikanische Position stellt einen moralischen Maßstab dar, der nicht verhandelbar ist. Das entspricht auch der amerikanischen Haltung, sich nicht durch fremde Ordnungen binden zu lassen. Das hat mit Macht und weniger mit Werten zu tun. Die Globalmacht USA wird sich nur binden, wo ihr Interesse das rät. Sie wird insgesamt ihre Politik der freien Hand verfolgen, um ihren Einfluss zu vergrößern.«

Und die »freie Hand« legen sie – wie es der United States Code vorschreibt – ehrfürchtig aufs Herz, wenn »The Star-Spangled Banner« erklingt. 1916 hatte Präsident Woodrow Wilson amerikanische Militärkapellen angewiesen, dieses ursprünglich englische Trinklied zu offiziellen Anlässen zu spielen. Fünfzehn Jahre später wurde es zur Nationalhymne erklärt.

Exkurs Ukrainischer Brotfrieden

In Brest-Litowsk hatten Sowjetrussland und das kaiserliche Deutschland am 3. März 1918 einen Friedensvertrag geschlossen. Es war ein Raubfrieden, der von der deutschen Seite diktiert worden war. Am 26. Februar 1918 hatte es ultimativ aus Berlin geheißen: »Vorstehende Bedingungen sind in 48 Stunden anzunehmen. Russische Bevollmächtigte haben sich unverzüglich nach Brest-Litowsk zu begeben und dort binnen drei Tagen den Frieden zu unterzeichnen, der innerhalb weiterer zwei Wochen ratifiziert sein muss.«

Im September 1918 artikulierte Rosa Luxemburg ihre Befürchtung: »So wird die russische Revolution im Endresultat des Brest-Litowsker Friedens von allen Seiten umzingelt, ausgehungert, erdrosselt.« Und sie fürchtete á la longue sogar eine erzwungene »Allianz der Bolschewiki mit dem deutschen Imperialismus«: »Das wäre allerdings das letzte Glied in der verhängnisvollen Kette, die der Weltkrieg um den Hals der russischen Revolution gelegt hat: erst Zurückweichen, dann Kapitulation und schließlich ein Bündnis mit dem deutschen Imperialismus.«

Wir erinnern uns des Hitler-Stalin-Paktes 1939.

Am 13. November 1918 annullierte der Rat der Volkskommissare und das Gesamtrussische Zentrale Exekutivkomitee das Abkommen, mit dem fast anderthalb Millionen Quadratkilometer russisches Territorium zwangsweise abgetreten worden waren. Die mehrmonatige Atempause hatte jedoch geholfen, die Sowjetmacht zu festigen und die Rote Armee zu organisieren. Die Führung Sowjetrusslands setzte nunmehr darauf, dass auch in anderen europäischen Staaten – wie etwa vier Tage zuvor in Berlin – die alten, reaktionären Herrschaftsverhältnisse überwunden werden würden und eine neue Welt entstünde. Ganz im Sinne des Kommunistischen Manifests: »Proletarier aller Länder, vereinigt euch!« – von den Gegnern des proletarischen Internationalismus mit dem Etikett »Weltrevolution« versehen.

In Brest-Litowsk war nebenbei noch ein weiterer Vertrag vereinbart worden, nämlich der sogenannte Brotfrieden zwischen den Mittelmächten (Deutschland, Österreich-Ungarn, Bulgarien und dem Osmanischen Reich) einerseits und der Ukrainischen Volksrepublik auf der anderen Seite.

Deutsche und österreichische Truppen hatten Ende 1917/Anfang 1918 große Teile der Ukraine

besetzt und ein konterrevolutionäres, aber macht-
loses Regime – die Ukrainische Zentralrada – in
Kiew installiert. Die Mittelmächte nutzten ihre
militärische Überlegenheit und die instabilen politischen Verhältnisse, um – mit sowjetrussischer
Zustimmung – einen Separatfrieden mit einer will-
fährigen ukrainischen Delegation abzuschließen.
Er beendete den Kriegszustand zwischen den Parteien, die hinfort – wie man aus dem anderen Brest-
Litowsker Vertrag abgeschrieben hatte – »in Frieden
und Freundschaft« miteinander leben wollten. Dieser
Vertrag normalisierte die Beziehungen der Partner
durch die Aufnahme diplomatischer und konsulari-
scher Beziehungen und den Verzicht auf Ersatz der
Kriegskosten. Er enthielt Grenzregelungen.

Hauptsächlich diente dieser Vertrag mit Kiew
aber dazu, die ökonomische Ausbeutung der Ukrainischen Volksrepublik durch Deutschland und
Österreich – aktuell durch die Lieferung von Lebens-
mitteln für die Truppen – abzusichern (daher auch
die Bezeichnung Brotfrieden). Bis zum 31. Juli 1918
sollte Kiew eine Million Tonnen Getreide, 400 Millionen Eier und 50 000 Tonnen Rinder liefern. Dafür
sicherten Deutschland und Österreich-Ungarn dem
Kiewer Regime militärischen Beistand im Kampf
gegen die Bolschewiki im Lande wie auch gegen die
Ukrainische Sowjetrepublik zu, die sich in Charkow
konstituiert hatte.

Am 28. April 1918 verhaftete allerdings die deutsche Militärverwaltung in Kiew den Premierminister,

löste die Zentralrada und damit die Ukrainische Volksrepublik auf und setzte einen Hetman als Chef eines »Ukrainischen Staats« ein. Augenscheinlich war das Kiewer Regime seinen aus dem Brotfrieden sich ergebenden Lieferverpflichtungen nicht nachgekommen. Aber auch das »Hetmanat« zeigte sich dazu nicht in der Lage. Bis November 1918 wurden tatsächlich nur etwa 120 000 Tonnen Getreide an die Mittelmächte geliefert. Also wurde auch der Hetman abgesetzt. Ein Direktorium sollte nun wieder die vom kaiserlichen Deutschland erst zerschlagene »Ukrainische Volksrepublik« reanimieren. Aber schon nach kurzer Zeit wurden die Putschisten von der Roten Armee und den Bolschewiki aus Kiew verdrängt. Im Dezember 1918 konstituierte sich die Ukrainische Sozialistische Sowjetrepublik. Damit war die »Ukrainische Volksrepublik« endgültig Geschichte – auch wenn bis 1992 in München eine Exilregierung existierte …

Noch heute wird US-Präsident Wilson wegen seines Engagements für den Völkerbund gerühmt. Dieser sollte nach seinen Vorstellungen »kein beliebiger Verein werden, sondern eine Wertegemeinschaft«.

Dass schon bei der ersten Zusammenkunft der Kommission für den Völkerbund am 3. Februar 1919 – die von Wilson höchstselbst geleitet wurde – sehr unterschiedliche »Werte« zur Disposition standen, machten allein schon die äußeren Umstände sichtbar.

Die fünfzehnköpfige Kommission – je zwei Angehörige der alliierten Hauptmächte Frankreich, Großbritannien, Italien, Japan und den USA; dazu je ein Delegierter aus Belgien, Brasilien, China, Portugal und Serbien – traf sich nicht wie die anderen Arbeitsgruppen in einem französischen Ministerium. Die Zusammenkunft fand im Hôtel de Crillon statt – dem temporären Quartier der US-Delegation.

»Die französischen Vertreter Léon Bourgeois und Ferdinand Larnaude fühlten sich von der Gangart der Amerikaner überfahren und reagierten widerspenstig, zumal ihr eigener Vorschlag aus der Kriegszeit nahezu kommentarlos vom Tisch gewischt worden war. Dass stattdessen Wilsons eigener Entwurf als Ausgangspunkt diente, die Verhandlungen auf Englisch geführt wurden und die Briten den Schulterschluss mit den US-Vertretern suchten, verbesserte die Situation nicht gerade«, schrieb 2019 der Historiker Marcus M. Payek auf *Zeit online*.

Die divergierenden Interessen wurden sichtbar an den in der Kommission vorgetragenen Überlegungen. Die Briten richteten ihre Vorstellungen von einem Völkerbund an den imperialen Interessen ihres Empires aus und entmündigten erkennbar alle nichteuropäischen Völker. Die Franzosen forderten, den Völkerbund mit eigenen Streitkräften auszustatten, was Wilson mit dem Argument zurückwies, dass die Friedensmacht des Völkerbundes sich auf die Moral und nicht aufs Militär gründe.

Die Japaner wünschten sich die Aufnahme einer Klausel, dass alle Rassen gleichbehandelt werden sollten. Das lehnten insbesondere die Briten ab. Sie achteten sehr auf die ethnischen Unterschiede und lehnten eine Gleichmacherei ab.

Die kleinen Staaten leisteten gemeinsam Widerstand gegen den Vorschlag, dass Frankreich, Großbritannien, Italien, Japan und die USA als Fünfer-Direktorium der Staatengemeinschaft vorsitzen sollten, die das Einstimmigkeitsprinzip mit einem Veto aushebeln dürften.

Auf die Ambilanz der am Ende getroffenen Vereinbarung wies der Historiker Payk hundert Jahre später hin: »Einerseits sollte das konfliktbehaftete Nebeneinander der Staaten in ein geordnetes Miteinander mit verbindlichen Regeln verwandelt werden, andererseits war dieser Fortschritt untrennbar mit dem Sieg der alliierten Hauptmächte verknüpft, die sich auf diese Weise zu Hütern des internationalen Rechts aufschwangen und die Verlierernationen als Schurkenstaaten außen vor ließen.«

Lenin nahm bei seinem Urteil auch kein Blatt vor den Mund und sprach von »Vergewaltigung der schwachen Nationen«. Er schrieb am 5. Juni 1920: »Der imperialistische Krieg 1914–1918 hat die Verlogenheit der bürgerlich-demokratischen Phrasen vor allen Nationen und vor den unterdrückten Klassen der ganzen Welt besonders klar aufgedeckt, indem er praktisch vor Augen führte, dass der Versailler Vertrag der vielgepriesenen ›westlichen Demokratien‹ eine noch brutalere und niederträchtigere Vergewaltigung der schwachen Nationen ist als der Brest-Litowsker Vertrag der deutschen Junker und des Kaisers. Der Völkerbund und die ganze Nachkriegspolitik der Entente enthüllen diese Wahrheit noch deutlicher und schärfer.«

Die chinesische Delegation verließ die Pariser Friedenskonferenz, ohne den Vertrag unterzeichnet zu haben. Die vom Deutschen Kaiserreich besetzten chinesischen Territorien waren nicht etwa den Chinesen zurückgegeben worden, sondern gingen an die Kolonialmacht Japan.

Wilsons Absicht, die Satzung für den Völkerbund vom Plenum der Friedenskonferenz annehmen und verabschieden zu lassen, ging nicht auf. Die Völkerbund-Idee wurde als Teil I, Artikel 1 bis 26, in den Versailler Vertrag aufgenommen, der von allen Vertragsstaaten – also auch von den USA – ratifiziert werden musste. Am 19. November 1919 lehnte der US-Senat die Ratifikation jedoch ab. Auch ein zweiter Anlauf fünf Monate später scheiterte. Die herrschenden Kreise in den USA zogen es vor, sich auf den amerikanischen Kontinent und die eigenen nationalen Interessen zu konzentrieren. Weil Washington keinen der Pariser Friedensverträge ratifizierte, wurden die USA auch nicht Mitglied des Völkerbundes. Sie traten auch später dem Bund nicht bei, sondern begnügten sich mit einem Beobachterstatus.

Warum aber ließen die amerikanischen Senatoren ihren Präsidenten derart im Regen stehen? »Der amerikanische Senat war sauer, dass Wilson diese ganzen Fragen in Versailles vorangetrieben und zum Abschluss gebracht hatte, ohne sich einmal bei den Senatskollegen zu informieren, ob sie das auch wollten«, meinte der Historiker Wintzer hundert Jahre später und personalisierte die strategische Entscheidung der politischen Klasse der USA nach dem Ende des Ersten Weltkrieges. Mag sein, dass Wilson seinen Anteil daran hatte. Aber er allein wird die nationalen Weichen kaum gestellt haben.

Die besiegten Mittelmächte wurden nicht eingeladen, sich dem Völkerbund anzuschließen. Sie konnten erst nach einem Zulassungsverfahren Mitglied werden. Zwei Drittel der Bundesversammlung, in der jedes Mitglied eine Stimme hatte, mussten dem Antrag zustimmen.

Einem solchen Aufnahmeverfahren wollten sich die USA nicht unterwerfen.

Auch Rosa Luxemburg hegte die schlimmsten Erwartungen. »Der ›Völkerbund‹ in der Atmosphäre der Siegestrunkenheit des anglo-amerikanischen Imperialismus und des auf der Weltbühne umgehenden Schreckgespenstes des Bolschewismus kann nur eins hervorbringen: einen bürgerlichen Weltbund zur Niederhaltung des Proletariats. Das erste dampfende Opfer, das der Hohepriester Wilson an der Spitze seiner Auguren vor der Bundeslade des ›Völkerbundes‹ bringen wird, wird das bolschewistische Russland sein, über das sich die ›selbstbestimmten Nationen‹, Sieger und Besiegte zusammen, stürzen werden.«

Das Manko des nicht vorhandenen Friedensvertrages bügelten die USA und Deutschland durch den Abschluss eines Ersatzvertrages am 25. August 1921 aus, in dem es vor allem um die Teilhabe der USA an den Reparationen ging. Der bilaterale Berliner Vertrag war von Wilsons Nachfolger Warren G. Harding auf den Weg gebracht worden. Er wurde bereits zwei Monate nach seiner Unterzeichnung vom US-Senat ratifiziert.

Der Völkerbund bestand von 1920 bis 1946. Die in Genf angesiedelte zwischenstaatliche Organisation blieb im Grunde wirkungslos. Sie scheiterte am nationalen Egoismus ihrer Mitglieder. Man kann es aber auch, wie Lenin, als Folge und Ausdruck der unterschiedlichen ökonomischen Entwicklungen in den kapitalistischen Staaten interpretieren. Einerseits drängt die Entwicklung der kapitalistischen Produktionsweise objektiv auf Sprengung des nationalen Rahmens. Und da sich in der gesellschaftlichen Entwicklung stets die ökonomischen Interessen durchsetzen, war diese Tendenz nicht aufzuhalten. Andererseits aber verhinderten die ökonomischen Gesetze des Kapitalismus – Stichwort: Konkurrenz – zugleich, dass eine wirkliche Vereinigung erfolgen konnte. Lenin schrieb im August 1915 »Über die Losung der Vereinigten Staaten von Europa«: »Unter dem Kapitalismus ist ein gleichmäßiges Wachstum in der ökonomischen Entwicklung einzelner Wirtschaften und einzelner Staaten unmöglich. Unter dem Kapitalismus gibt es kein anderes Mittel, das gestörte Gleichgewicht von Zeit zu Zeit wiederherzustellen, als Krisen in der Industrie und Kriege in der Politik.« Zwanzig Jahre nach dem Ersten Weltkrieg und den den Verträgen von Versailles war es wieder soweit.

Woodrow Wilson wurde jedoch selig, wenn nicht gar heilig gespochen. Henry Kissinger, eine Schlüsselfigur der US-Außenpolitik der letzten Jahrzehnte, erklärte 1994: »Wilson bleibt der geistige Vater jener Vision einer universalen Weltordnung, eines Völkerbundes, der den Frieden nicht mittels Bündnissen, sondern auf der Grundlage kollektiver Sicherheit bewahren sollte. Und obgleich er sein Land nicht vom Nutzen der Weltinstitution überzeugen konnte: Seine Gedanken überdauerten. Vor allem seinem Idealismus und den davon ausgehenden Impulsen ist es zu verdanken, dass sich die amerikanische Außenpolitik vorwärtsbewegt hat und dies auch heute noch tut.«

Und der 2023 verstorbene Kissinger fasste in einem erhellenden Satz zusammen, *was* sie, die amerikanische Außenpolitik, vorwärtsbewegt: »Der Friede hängt von der Verbreitung der Demokratie, nicht vom Gleichgewicht der Kräfte ab; Staaten sind nach denselben ethischen Kriterien zu beurteilen wie Individuen; außerdem ist es von nationalem Interesse, sich einem weltweit gültigen Rechtssystem anzuschließen.«

Und dabei hilft man gern nach. Sagte nicht Kissinger, sondern sage ich. Und welches Rechtssystem und welche Art von Demokratie gemeint sind, versteht sich natürlich von selbst. Und zugleich bitte ich um Nachsicht, dass der Historiker in mir zu einer Geschichtsstunde ausholte, die eigentlich an unseren Bildungseinrichtungen stattfinden sollte. Dieses Wissen wäre nicht nur eine nützliche, sondern auch notwendige Investition in die Köpfe.

Womit wir bei der Reform unseres Bildungswesens wären.

Merke:
Geschichte ist das A und O, um Politik zu begreifen. Ihre Wiederholung zeigt, dass wir sie noch nicht verstanden haben, weil wir sie nicht verstehen wollen.

Ich kann die Bewegung der Himmelskörper berechnen,
aber nicht den Wahnsinn der Menschen.

Isaac Newton,
nachdem er 20 000 Pfund
mit Aktien der South Sea Company verloren hatte

Alles auf den Prüfstand. Alles!

Die herrschende Klasse besäße einen untrüglichen Instinkt für ihre Klasseninteressen, eine »wunderbar feine Sensibilität für die ihnen drohenden Gefahren«, meinte Rosa Luxemburg 1918 in ihrem Fragment »Über Krieg, nationale Frage und Revolution«. »Während äußerlich für die Bourgeoisie das schönste Wetter herrscht […], spürt die bürgerliche Gesellschaft ein Reißen in allen Gliedern, das ihr den bevorstehenden historischen Barometersturz und Witterungsumschlag ankündigt.«

Ich vermute, dass seit geraumer Zeit dieses Reißen in einigen Hauptstädten der westlichen Welt grassiert. Es nimmt stetig zu. Zu viele Krisen, Kriege und Katastrophen, auf die reagiert werden muss. Man verliert das Heft des Handelns, und auch das Schwert droht aus der Hand zu gleiten, weil es zu viele Händel gibt, in die man sich meint einmischen zu müssen, um sie nach eigenen Vorstellungen zu befrieden.

Auf der anderen Seite: Zwar haben wir in der Vergangenheit wiederholt erlebt, dass durch Staatsstreiche grundstürzende gesellschaftliche Veränderungen erfolgten. Wir nannten das beim Vorhandensein bestimmter Indikatoren »Revolutionen« und sahen darin gleich Marx »Lokomotiven der Weltgeschichte«. Aber weit kamen die Dampfrösser nie, die Gleise blieben die alten, auf denen sie rollten. Die längste Strecke ging etwa über sieben Jahrzehnte, und dann ging es wieder rückwärts (im Sinne des gesellschaftlichen Fortschritts). Da die Rückkehr zur alten Geschäftsordnung rasch erfolgte, waren die Veränderungen wohl doch so nachhaltig nicht gewesen, wie ursprünglich angenommen.

Augenscheinlich lässt sich der Kapitalismus nicht so leicht abschütteln und abschaffen, er beweist ein erstaunliches Beharrungs- und Anpassungsvermögen. Das »revolutionäre Subjekt«, das gelegentlich gegen die herrschenden Verhältnisse aufmuckt, wurde (und wird noch immer) geschickt absorbiert, domestiziert, gelegentlich drangsaliert und auch massakriert, in jedem Falle aber integriert: Das kapitalistische System war und ist erstaunlich flexibel bei seiner Selbstbehauptung. Katzen, so sagt man, besäßen sieben Leben, der Kapitalismus scheint noch einige mehr zu haben.

Vermutlich zieht sich der Prozess seines Untergangs darum noch einige Zeit hin. Das scheint so gewiss wie sein Untergang selbst.

Die letzten Reste des alten Feudalsystems wurden, wie wir wissen, erst im Ersten Weltkrieg hinweggefegt, vierhundert Jahre nach Kolumbus und Kopernikus und dem Aufbruch in ein neues Zeitalter. Immerhin hätten wir demnach, nach zweihundert Jahren Kapitalismus, schon die Hälfte des selbstzerstörenden, selbstmörderischen Jammertals durchschritten, um – laut Marx – vom »Reich der Notwendigkeit« ins »wahre Reich der Freiheit« zu wechseln.

Doch dies ist eine Milchmädchenrechnung. Gesellschaftliche Veränderungen lassen sich nicht mit noch so komplexen Computerprogrammen berechnen und vorhersagen. Was aber inzwischen als gesichert gilt: Systeme zerbrechen immer von innen heraus, nämlich wenn sie an ihre Grenzen stoßen. An die Grenzen ihres Wirtschaftens und des damit verbundenen Denkens. In dieser Hinsicht hatte Engels recht, wenn er in der »Dialektik der Natur« die Veränderung des Denkens in der Zeit der Reformation und der Renaissance als die »größte Umwälzung, die die Menschheit bis dahin erlebt hatte«, bezeichnete. Und er setzte diesen zivilisatorischen Aufbruch an den Beginn der Überwindung des Feudalismus. Es war »eine Zeit, die Riesen brauchte und Riesen zeugte, Riesen an Denkkraft, Leidenschaft und Charakter, an Vielseitigkeit und Gelehrsamkeit. Die Männer, die die moderne Herrschaft der Bourgeoisie begründeten, waren alles, nur nicht bürgerlich beschränkt.«

Nun, wir haben in den letzten Jahrzehnten eine gewaltige Entwicklung in Wissenschaft und Technik hingelegt, aber »die Männer« – um die Begrifflichkeit von Engels aufzugreifen, denn noch immer bestimmen sie die Geschicke der Welt – hielten augenscheinlich intellektuell nicht mit. Sie blieben mehrheitlich »bürgerlich beschänkt«. Peter Scholl-Latour (1924–2014), ein stockkonservativer Journalist, dessen scharfe Analysen selten Beifall in seiner Klasse fanden, sprach sogar vom »Zeitalter der Idiotie«. Lange vor Trump wollte er damit andeuten, dass die maßgebenden Politiker inzwischen von allen guten Geistern verlassen waren, weil sie Erfahrungen und Wissen in den Wind schlugen. Unvernunft und Unvermögen hatten in Scholl-Latours Augen die Oberhand in den Regierungen gewonnen.

Gefährliche Idioten wie beispielsweise Trump oder Höcke sind darum keine individuellen Entgleisungen, keine Betriebsunfälle des Systems. Das Denken dieser Leute ist durchaus gesellschaftskonform und ein Ausdruck des kapitalistischen Systems, egal wie man seinen aktuellen Zustand beschreibt: als progressiven Neoliberalismus, als postmodernen Kapitalismus, als liberalen Despotismus und was es sonst noch an akademischen Bezeichnungen gibt. Es handelt sich immer um die bekannte kapitalistische Ursuppe.

Wenn ich etwas seit 1990 gewonnen habe: Dann eben diese Grundüberzeugung!

Aber ich stelle mir natürlich auch die Frage: Wodurch konnten Unvernunft und Unvermögen so große Zustimmung erlangen? 1874 stand auf einem Schweizer Stimmzettel zur Wahl der Züricher Steuerkommission ein Spruch, der von Zeitungen umgehend verbreitet wurde, so vom Wiener *Fremden-Blatt* am 27. Mai 1874: »Nur die allergrößten Kälber wählen ihre Metzger selber.« Der Spruch wanderte durch die Jahrzehnte und wurde von denen, die ihn gebrauchten, fälschlich Bertolt Brecht zugeschrieben, um dem Spruch philosophisch-intellektuelle Dimension zu verleihen. Der *Stern* machte ihn im September 2019 sogar zur Überschrift, als in einer hessischen Kleinstadt ein Parteigänger der NPD zum Ortsvorsteher gewählt worden war. Obwohl er doch namentlich im Verfassungsschutzbericht als Rechtsextremist geführt wurde. Die *Nordwest-Zeitung* (NWZ), eine niedersächsische Regionalzeitung, kommentierte die Wahl mit Ironie und offenbarte damit, wie man in Oldenburg so denkt: »Es waren also nicht etwa diese NS-verseuchten Ossis, die da einen echten Nazi ins Amt gehoben haben. Nein, die Wetterau befindet sich ja in einem staatsbürgerlich gefestigten Altbundesland!«

Ich fragte mich seit Jahren, wodurch vermeintliche Denkfehler zur Mehrheitsmeinung werden, die von solchen gefährlichen Figuren dann in Politik umgesetzt werden? Sie erscheinen doch nicht plötzlich aus dem Nichts als Messias auf der Bildfläche. Sie werden doch dazu erst gemacht. Ohne Resonanzboden, ohne die Massen, die sie an die Mikrofone und in die Parlamente bringen, gäbe es diese Brandstifter nicht. (Martin Sellner ist ein smarter Österreicher, der acht Jahre lang Sprecher der Identitären Bewegung Österreich war. Er ist so ein rechter Wanderprediger, dem auch in Deutschland zugejubelt wird. Sellner stellte in einem Hotel bei Potsdam Ende 2023 sein Programm zur Remigration vor. *Remigration* ist das Unwort des Jahres 2023: Es ist eine beschönigende Tarnvokabel für Deportation und Zwangsausweisung, ein »rechter Kampfbegriff«, hieß es zur Begründung.)

Nehmen wir als Beispiel die AfD und deren Verführungspersonal, das ohne mediale Aufmerksamkeit, die sie erfuhren, unbekannt geblieben wäre. Ja, ich kenne das Argument: Man müsse über diese Leute berichten, sie seien schließlich gewählt und jedes Verschweigen sei mit der notwendigen Objektivität der Berichterstattung nicht vereinbar. Ignoranz würde zudem Opfer schaffen und den Medien den Vorwurf der »Lügenpresse« eintragen. Das weiß ich alles.

Wie ich nicht minder kopfschüttelnd die Hilflosigkeit der Baumeister beobachte, wie sie fortgesetzt angeblich »Brandmauern« nach rechts errichten. Es ist wie mit Dämmen beim Hochwasser: Sie weichen sukzessive auf und brechen dann doch, egal, wie viele Sandsäcke an den Stellen aufgeschichtet wurden, an denen das Wasser bereits sprudelte. Liegt es am Regen oder der Schneeschmelze allein, dass die Wasser die üblichen Pegel überschreiten? An klimatischen Veränderungen?

Es liegt zu großen Teilen an den Eingriffen des Menschen in die Natur. Wir haben wegen der ökonomischen Effizienz die Flüsse ausgebaggert, damit größere Schiffe mehr Lasten befördern können. Wir haben die Gewässer begradigt, damit sie schneller fließen können und rascher das Meer erreichen – mit dem Abfall, die die Fabriken, welche sich absichtsvoll an den Ufern niederließen, ebenfalls produzieren. Seit dem 19. Jahrhundert haben wir Flüsse zu Wasserstraßen ausgebaut und ihnen das Mäandern abgewöhnt, was sie einst geruhsam dahinströmen und sich gelegentlich ausbreiten ließ, wenn die Flut kam. Die höhere Fließgeschwindigkeit wiederum ließ den Grundwasserspiegel sinken, was sich auf die Landschaft und die Landwirtschaft negativ auswirkte.

Eine Kette ohne Ende. Aber sie hat einen Anfang. Und so ist es auch bei bei politischen Bewegungen. Der Quell der AfD ist nicht die Hybris einiger Selbstdarsteller, sondern der Unmut des Volks über die Zustände im Land. Für die das Wahlvolk ausschließlich die herrschenden Parteien verantwortlich macht. Kohl muss weg! Schröder muss weg! Merkel muss weg! Die Ampel muss weg!

Menschen, die sich in der Politik auskennen, wissen, dass die etablierten Parteien allenfalls die Verhältnisse verwalten, nicht verantworten. Und das wird immer schwieriger für sie, wenn die Markwirtschaft ihre sozialen Elemente abstreift, weil die Kassen leer sind und »unten« immer weniger verteilt werden kann, weil die »oben« den Hals nicht voll kriegen. Wenn also die sogenannte Verteilungsgerechtigkeit abhanden kommt. Wobei natürlich allein der Begriff unter den obwaltenden ökonomischen Umständen eine hohle Phrase ist. Eine Gleichverteilung von Einkommen und Vermögen ist im Kapitalismus unmöglich. Allenfalls lässt sich durch staatliche, also politische Intervention eine ruhigstellende Verteilung organisieren, die den Anschein von Gerechtigkeit hat, wobei dann listigerweise unterschieden wird zwischen Leistungsgerechtigkeit und Bedarfsgerechtigkeit.

Zu diesem System, an dem »der Gesetzgeber« – also die wechselnden Parteien in Regierungsverantwortung – direkt oder indirekt herumdoktert, gehören die Vermögenspolitik, der Komplex sozialer Grundsicherung, das Steuer- und Transfersystem sowie die staatlichen Instrumente bei der Lohn- und Tarifpolitik.

Das alles interessiert die Masse allenfalls im Detail, wenn ihr Leben davon unmittelbar betroffen ist. Wenn das Gefühl sich ausbreitet, dass es einem persönlich immer schlechter, während es anderen immer besser zu gehen scheint. (Man schaue sich nur die Seifenopern oder die Reality-Shows im Fernsehen an, studiere die Homestories in der Regenbogenpresse oder die Klatschgeschichten des Boulevardjournalismus.)

Das Gefühl ist natürlich begründet, wenn man zum Beispiel trotz Arbeit nicht davon existieren kann und »aufstocken«, also »Bürgergeld« beziehen muss, um den Lebensunterhalt zu bestreiten.

(Nebenbei: Die Bundesagentur für Arbeit führt diese Menschen in der Statistik in der Kategorie als »erwerbstätige erwerbsfähige Leistungsberechtigte«. Was für ein unsinniges Wortgeprassel und welche Verschleierung, dass es sich um Arme handelt, soziologisch Prekariat genannt.)

Und es ist Gemeingut, dass man mit eigener Hände Arbeit nicht Milliardär werden kann. Man wird es entweder durch Spekulation, Steuertricks und Diebstahl (will heißen: Aneignung von Mehrwert, also fremder Hände Arbeit). Oder man erbt ein Vermögen. Das weiß inzwischen jeder: Aufstocker wie Angestellter oder Selbstständiger. Und empört sich darüber und verlangt, dass diese Vermögenden mindestens stärker als üblich zur Steuerkasse gebeten werden. Wegen der »Gerechtigkeit«.

Wie viel die reichsten Deutschen tatsächlich besitzen, weiß man nicht genau, weil sich Multimillionäre und Milliardäre nie an entsprechenden Umfragen beteiligen. Vermutlich wissen sie nicht einmal selbst, was und wie viel sie haben. So schätzt man denn, dass die zehn Prozent der reichsten Bundesbürger etwa sechzig Prozent des Gesamtvermögens in Deutschland besitzen. Die knapp dreitausend »Superreichen« in Deutschland sitzen angeblich auf knapp 1,4 Billionen Euro, und diese vermehren sich gleichsam im Schlafe, denn seit Mitte der neunziger Jahre wurde die Besteuerung von Erträgen aus Milliardenvermögen drastisch gesenkt. »Seit in den 1990er Jahren die Vermögensteuer ausgesetzt wurde, haben die Steuerbehörden keinen systematischen Überblick«, hieß es in einer Ende 2023 veröffentlichten Studie der Hans-Böckler-Stiftung. »Geeignete Maßnahmen gegen die zunehmende Ungleichheit scheitern an politischem Widerstand.«

Wer leistet Widerstand?

»Während die steuerliche Begünstigung von einbehaltenen Gewinnen vom Gesetzgeber mit der Erwartung auf eine Reinvestition betrieblicher Gewinne und auf die Schaffung von Arbeitsplätzen begründet wurde, besteht dieser direkte Bezug nicht immer«, heißt es ein wenig verklausuliert. Statt in die nationale Wirtschaft zu investieren würden die »Gewinne zum Kauf von kurzfristigem Finanzvermögen oder Barrücklagen oder für Unternehmenszukäufe und Investitionen im Ausland« verwendet.

Marschiert man aus Blindheit oder mit Absicht auf dem offensichtlichen Holzweg? Der Trend, in Krisenzeiten Gewinne vorzugsweise zu privatisieren statt zu reinvestieren, funktioniert doch wie ein Naturgesetz.

Die meisten Menschen ahnen, wie das alles so läuft, auch wenn sie sich nicht erklären können, warum. Es grummelt im deutschen Bauch, nicht zu unrecht, und wenn dann Sprachröhren dieses Unwohlsein in Worte fassen, das kollektive Unverständnis in gängige Stammtischparolen gießen (»Man wird doch wohl mal sagen dürfen …«), werden diese Leute wählbar. Sie reden Klartext und nicht dieses unverständliche Parteichinesisch und Parlamentsgesülze.

Natürlich ist das ein zwiefacher Denkfehler: Reden ist nicht identisch mit Denken – schon ein bedeutender Franzose wusste: »Die Sprache ist dem Menschen gegeben, um seine Gedanken zu verbergen.« Wollen die von der AfD wirklich das, was sie sagen – oder sagen sie nur das, was die Leute hören wollen?

Und der zweite Irrtum: Sind das wirklich Leute, die aus dem gleichen Holz geschnitzt sind wie man selbst? Oder stammen sie nicht auch aus dieser Kaste oder sozialen Schicht der Betuchten, der Raffkes, Betrüger und Lügner, die man sonst ablehnt?

Wie kamen die Reichen, die nicht nur Projektionsfläche für den angestauten Unmut sind, sondern auch das System schufen und am Laufen halten, zu ihrem Reichtum? Einer von ihnen sagte einmal, dass er gern über die Herkunft seines Vermögens Auskunft geben würde – wie er aber die erste Million gemacht habe, würde er verschweigen. Womit er andeutete: ehrlich und gesetzeskonform ganz gewiss nicht …

Der ungarische-amerikanische George Soros machte sein Geld mit erfolgreichen Börsenspekulationen. Er verwandelte selbst kleinste Schwankungen in Aktien- oder Wechselkursen in Millionengewinne, indem er solche Schwankungen zugleich durch seine Spekulation massiv verstärkte. Er verriet 1998 die Logik dieses Geschäfts: »Im Gegensatz zu einer wissenschaftlichen muss eine finanzielle Hypothese […], um profitabel zu sein, keineswegs wahr sein. Es reicht aus, dass sie allgemein akzeptiert wird.

Und doch kann sich eine falsche Hypothese nicht ewig halten. Deshalb investierte ich gern in fehlerhafte Hypothesen, die eine Chance auf allgemeine Akzeptanz hatten, vorausgesetzt, ich wusste, wo der Fehler lag und konnte rechtzeitig verkaufen.«

Durch Spekulationen nach diesem Muster wurde Soros Multimilliardär. Und in Deutschland zum Beispiel Zielscheibe für die AfD; Höcke sprach von einem »volkszerstörerischen und als pervers zu bezeichnenden Ungeist eines George Soros« und erntete, wie erwartet, Zustimmung vom »Volk«, das sich nicht zerstören lassen wollte. Und in den USA machte Trumps Anwalt Rudy Giuliani – im Dezember 2023 zur Zahlung von 148 Millionen Dollar Schadensersatz an zwei Wahlhelferinnen verurteilt – Soros für Trumps Wahlniederlage 2020 verantwortlich: Soros kontrolliere eine Wahlmaschinenfirma, die eine angebliche Wahlfälschung zugunsten von US-Präsident Joe Biden ermöglicht habe.

Solche haltlosen, oft auch antisemitisch konnotierten Anschuldigungen von Rechtsextremisten und Faschisten sind zurückzuweisen. Sie machen aber Soros nicht zum besseren Menschen. Er gilt dennoch als Beispiel für den Weg des Geldes: Er vererbte seinem 1985 geborenen Sohn Alexander, der bereits Milliardär war, sein Vermögen, das in verschiedenen Stiftungen geparkt ist.

Wie das Kapital weiter wandert, sich reproduziert (und damit auch die Herrschaft sichert), kann man auch am Beispiel der Familie Rockefeller sehen, zu der heute etwa dreihundert Menschen zählen.

Der Ölbaron John D. Rockefeller wurde 1916 der erste Milliardär der Weltgeschichte. Er vererbte mindestens die Hälfte seines Vermögens. Sein Ururenkel Justin Rockefeller räumte in einem Gespräch mit der *Frankfurter Allgemeinen Zeitung* am 24. März 2023 ein, dass sein Vorfahr »ein großartiger Geschäftsmann« gewesen sei, aber »einige ziemlich skrupellose Geschäftspraktiken« gepflegt habe. Auf die Frage, ob es ihm kein schlechtes Gewissen mache, wenn er den ererbten Reichtum genösse, sagte er, das müsse er nicht, weil er sich doch sehr »für den Kampf gegen den Klimawandel« einsetze. »Mit unserem Vermögen unterstützen wir Klimaprojekte, etwa in Südafrika, China oder auch in Zentralamerika. Uns ist die Ironie bewusst, dass dieses Geld aus dem Geschäft mit fossilen Energien stammt.«

Allerdings gebe es »auch heute Rockefellers, die in einem Ölkonzern arbeiten«.

Und schließlich offenbarte der Erbe des einst reichsten Mannes der Welt: »Als großer Patriot bin ich davon überzeugt, dass Amerika eine gute Kraft in der Welt sein kann.« Und fügte an: »Ich bin stolz darauf, hier in Amerika zu leben.«

Und was, so die abschließende Frage der Journalistin, erzähle er seinen beiden Kindern über den

Reichtum und wie dieser sich vermehre? »Unsere Kinder sollen lernen, wie glücklich sie sich schätzen können, dass sie ein sicheres Dach über dem Kopf haben.«

Ein Leser des Interviews hatte höhnisch kommentiert: »Mit vollen Hosen lässt sich gut stinken.«

Ich verzichte auf eine Anmerkung – die Äußerungen erklären so manches. Die Rockefellers dieser Erde leben auch in der Bundesrepublik. Die Deutschen offenbaren sich nicht so wie Justin Rockefeller, sie schweigen lieber. Aber sie und die sogenannte Oberschicht im Lande, der ungefähr sieben Prozent der deutschen Bevölkerung zugerechnet werden, stellen in der öffentlichen Wahrnehmung ein Problem dar. Diffus, aber spürbar. Nicht sie sind der Kern des Problems, sondern es ist das System, das diese Klasse erst hervorbrachte und das für ihre stete Reproduktion sorgt. Was Wunder also, dass nicht eine der im Bundestag vertretenen Parteien das System in toto zur Disposition stellt, schon gar nicht die bürgerliche Allianz für Deutschland. Sie alle lindern bestenfalls die Symptome. Wer sägt schon den Ast ab, auf dem man sitzt?

Mitte Januar 2024 stellte die Nothilfe- und Entwicklungsorganisation Oxfam im Vorfeld des Weltwirtschaftsgipfels in Davos eine Studie vor, die die Vermutung bestätigte, dass Krisen und Kriege der vergangenen Jahre die Schere zwischen Arm und Reich auf der Welt noch weiter auseinandergetrieben haben, als sie ohnehin schon war. »Milliardäre werden reicher, die Arbeiterklasse hat zu kämpfen und die Armen leben in Verzweiflung. Das ist der unglückliche Zustand der Weltwirtschaft«, schrieb US-Senator Bernie Sanders im Vorwort der Studie. Niemals zuvor habe es eine solche Ungleichheit bei Einkommen und Vermögen gegeben. Auch die Gier, Arroganz und Verantwortungslosigkeit seien beispiellos.

Die fünf reichsten Männer haben den Oxfam-Daten zufolge seit 2020 einen Gewinn von durchschnittlich vierzehn Millionen US-Dollar pro Stunde gemacht. Ihr Vermögen stieg von 405 Milliarden Dollar im Jahr 2020 auf zuletzt 869 Milliarden Dollar. Das Vermögen aller Milliardäre insgesamt wuchs dreimal so schnell wie die Inflationsrate.

Zugleich hätten 4,77 Milliarden Menschen, die ärmsten sechzig Prozent der Menschheit, in dieser Zeit zusammen zwanzig Milliarden Dollar Vermögen verloren. Bei 791 Millionen Arbeitern hielten die Löhne laut Oxfam nicht mit der Inflationsrate mit. Jeder von ihnen habe in zwei Jahren im Schnitt fast einen Monatslohn eingebüßt.

Die Vorstandsvorsitzende von Oxfam Deutschland, Serap Altinisik, sieht die Gesellschaft deswegen vor einer immer größeren Zerreißprobe. »Während Milliarden von Menschen die Schockwellen von Pandemie, Inflation und Krieg ertragen müssen, boomen die Vermögen der Milliardäre«, sagte sie. Die Ungleichheit verstärke geschlechtsspezifische und rassistische Diskriminierungen, weil marginalisierte Gruppen wie Frauen oder nicht-weiße Menschen besonders betroffen seien. »Sie untergräbt die Demokratie und trägt maßgeblich dazu bei, dass die Klimakrise sich zu einer Katastrophe ausweitet«, sagte Altinisik. Oxfam forderte eine Besteuerung hoher Vermögen. Die Mittel daraus müssten in den Klimaschutz, den Ausbau von Bildung, Gesundheitsversorgung und sozialer Sicherung investiert werden. Das gelte in Deutschland genau wie weltweit.

Wir müssen alles auf den Prüfstand stellen oder wie es neudeutsch heißt: hinterfragen. Wir werden das kapitalistische System nicht von heute auf morgen gänzlich hinter uns lassen können. Dazu ist es, wie eingangs angedeutet, einerseits zu flexibel und andererseits von keiner gesellschaftlichen Alternative herausgefordert, weshalb es im Bewusstsein der meisten Menschen weltweit ziemlich fest verankert ist. Die Propaganda sorgt dafür, dass es als Erfolgsmodell ausgepreist ist. Warum flüchten sich Millionen Menschen aus Afrika und Asien nach Europa? Warum riskieren sie ihr Leben im Mittelmeer und auf Schlepperrouten?

Wir erleben derzeit die Geburtswehen einer neuen Weltordnung, ohne zu wissen, was da geboren wird. Sicher ist aber eins: Die ökonomischen Grundlagen der Staaten bleiben davon nicht unberührt. Der tradierte Kapitalismus funktioniert nur durch Expansion, durch Wachstum bei der Produktion und der Märkte. Doch dem sind objektive Grenzen gesetzt. Es gibt Überproduktion und Überkapazitäten allenthalben, die Ressourcen der Erde sind so erschöpft wie die (zahlenden) Konsumenten, die nicht mehr konsumieren können. Kriege sind nützlich: Die zerstörten Häuser von heute sind das Konjunkturprogramm von morgen. Bekanntlich beendete nicht der New Deal von US-Präsident Roosevelt die Weltwirtschaftskrise von 1929, sondern der Zweite Weltkrieg und die Beseitigung der von ihm angerichteten Schäden. Die zerstörte Ukraine oder der plattgebombte Gaza-Streifen bieten beim Wiederaufbau durch die internationale Gemeinschaft Arbeit nicht nur für die Bauindustrie.

Die Geschichte ist so offen, wie sie in hundertfünfzig Jahren Imperialismus nie war. Und es sind, wenn ich mich in unserem Lande umschaue, weder Organisationen noch Parteien am Wirken, die das so sehen und Schlüsse daraus für ihr politisches Handeln ziehen.

Die einen meinen sich auf die Seite der USA schlagen zu müssen, dem Sieger des Kalten Krieges. Sie tun dies in der naiven Erwartung, die Vereinigten Staaten von Amerika würden auch den aktuellen globalen Krieg gewinnen. Dann wäre man auch künftig bei den Siegern. Denn in der künftigen Welt spielt das überalterte, ermattete Europa keine Rolle mehr. Die schwache EU hofft auf eine multipolare Welt, die es vermutlich aber nicht geben wird.

Die anderen schlagen sich, zumindest verbal, ins andere Lager, also auf die Seite der Russen, weil die mit ihren Ressourcen gegenhalten können. Und ignorieren dabei, dass dessen tradierte Gegnerschaft zu den USA Russland nicht zwangsläufig zu einem besseren System macht. Auch Russland ist ein nicht weniger imperialistischer Staat wie sein Widerpart.

Und es gibt den Globalen Süden, der sich um die BRICS-Staaten – Brasilien, Russland, Indien, China und Südafrika – sammelt. Da der Westen inzwischen die Volksrepublik China, die ökonomisch potenteste Macht in diesem Verbund, zum »systemischen Rivalen« erklärt hat, gingen schreckhaft alle deutschen Parteien auf Distanz. Bezeichnend die Äußerung der deutschen Außenministerin in einem Interview mit dem US-Sender *Fox News* im September 2023. Falls der russische Präsident Wladimir Putin den Krieg in der Ukraine gewinne, wäre das »ein Zeichen für andere Diktatoren in der Welt, etwa für Xi, Chinas Präsident«. Deshalb müsse die Ukraine den Krieg gegen Russland gewinnen.

Die Chinesen empörten sich, sie sahen nicht nur ihren ersten Mann beleidigt.

In Deutschland empörte sich niemand. Entweder weil man die grüne Ministerin ohnehin nicht ernst nimmt. Oder weil man sich, wie sie, im Lager der moralisch überlegenen Sieger wähnt.

Kopflos war die Reaktion so oder so.

Und die AfD?

Im Januar 2023 forderte die Partei das Ende der Entwicklungszusammenarbeit mit China. Sie wandte sich gegen den Einsatz von Komponenten des chinesischen Mobilfunkausrüsters Huawei beim 5G-Ausbau in Deutschland. Im August 2023 kritisierte der forschungspolitische Sprecher der AfD-Bundestagsfraktion, Michael Kaufmann, die angebliche chinesische Wissenschaftsspionage an deutschen Universitäten ... So singt die AfD im Allparteien-Bundestagschor.

Die Tatsache, dass Ko-Fraktionschefin Weidel im Sommer 2023 in Begleitung zweier Bundestagsabgeordneter in Beijing und Shanghai unterwegs war, beweist nicht das Gegenteil. Sie hat sechs Jahre in China gelebt, wo sie – mit einem Stipendium des Deutschen Akademischen Austauschdienstes und des Bundesministeriums für Bildung und Forschung – das chinesische Rentensystem untersuchte. Ihre Promotion zu diesem Thema wurde von der Begabtenförderung der CDU-nahen Konrad-Adenauer-Stiftung unterstützt. Danach arbeitete Alice Weidel bis 2013, als sie sich der AfD anschloss, bei Allianz Global Investors in Frankfurt am Main, einer Kapitalverwaltungsgesellschaft des Versicherungskonzerns Allianz.

Vize-Fraktionschefin ist Beatrix Amelie Ehrengard Eilika von Storch, geborene Herzogin von Oldenburg, vormals Mitglied der FDP; sie kam wiederholt wegen undurchsichtiger Geldgeschäfte ins Gerede. Einmal wurden 98 000 Euro von einem Vereinskonto abgehoben. Das Geld sei wegen der Unsicherheit auf den Finanzmärkten und der Eurokrise in einem Schließfach deponiert worden, erklärte sie wiederholt.

Alexander Gauland, einst CDU und Leiter der Hessischen Staatskanzlei, heute Ehrenvorsitzender der AfD, attestierte den Deutschen ein »gestörtes Verhältnis zur militärischen Gewalt« und sprach sich für ein Verständnis des Kriegs als »Fortsetzung der Politik mit anderen Mitteln im Sinne von Clausewitz« aus.

So könnte man sich durch das Personaltableau durcharbeiten, um zu belegen, dass sich die AfD in keiner Weise als Alternative für Deutschland empfiehlt, weil sie den übrigen Parteien gleicht – von denen sie sich angeblich doch unterscheidet. Im Übrigen fehlen AfD-Abgeordnete am häufigsten im Plenum, wie eine Untersuchung der namentlichen Abstimmungen zwischen 2018 und 2023 ergab. Die AfD-Fraktion, die mit dem Versprechen angetreten war, eine höhere Präsenz im Plenum als die übrigen Fraktionen zu zeigen, kommt auf eine Fehlquote von 13,57 Prozent. Damit lag sie rund ein Viertel höher als der Durchschnittswert aller Abgeordneten, der sich bei 10,73 Prozent bewegt.

Ungeachtet der ideologischen Ausrichtung: Es handelt sich bei der AfD um eine stinknormale bürgerliche Partei, die sich erfolgreich die Mimikry einer Systemopposition zugelegt hat. Sie tickt nicht anders als alle anderen Profiteure des Systems.

Merke:

Nicht jeder, der die Backen aufbläst und gegen »das System« motzt, ist auch ein Systemkritiker. Die AfD will nur mehr Plätze an den parlamentarischen Fleischtöpfen wie die anderen etablierten Parteien auch.

Ja. Jedoch nicht auf lange Sicht.
Auf lange Sicht gibt es da nur eine Sache: Frieden.

Yuval Diskin,
ehemaliger Chef von Israels Inlandsgeheimdienst
Schin Bet, auf die Frage, ob militärische Stärke
die Sicherheit Israels gewährleisten könne,
in: *Der Spiegel* 1/2024

Wort der Stunde: Zuversicht

Am Ende des Jahres 2023 fiel viel Wasser vom Himmel und erreichte biblische Ausmaße. »Und die Sintflut war vierzig Tage auf Erden, und die Wasser wuchsen«, heißt es im 1. Buch Mose. »Da ging alles Fleisch unter, das sich auf Erden regte, an Vögeln, an Vieh, an wildem Getier und an allem, was da wimmelte auf Erden, und alle Menschen.« Nun ja, ganz so schlimm kam es nicht. Aber Gewimmel herrschte schon, als der Bundeskanzler zum Jahreswechsel in die Hochwassergebiete reiste und die Tapferen würdigte, die der Flut trotzten. Der Landesvater spendete Trost in der Erwartung, dass die Geehrten, Gewürdigten und Getrösteten bei den anstehenden Wahlen die demonstrierte Zuneigung zurückgeben würden. Ihm und den »demokratischen« Parteien, denn die Beteiligung bei den EU-Wahlen lag immer unter fünfzig Prozent, ausgenommen die letzte, wo sie auf über sechzig stieg: geschuldet vorrangig jungen Menschen, die augenscheinlich Veränderung wünschten – in der Wirtschaft (44 Prozent), in der Klimapolitik (37 Prozent). So die thematischen Spitzenreiter bei den Wahlmotiven.

Scholz und seine Entourage reisten an die Dämme, und die *Frankfurter Allgemeine* überschrieb programmatisch wie hintersinnig ihren Kommentar zur Visite des politischen Deichgrafen mit »Das Wort der Stunde ist Zuversicht«.

Helm ab zum Gebet, wollte man als Leser ergänzen, denn auch von allgemeiner Dienstpflicht und dem »Wehrpflicht-Projekt« war in den *FAZ*-Überlegungen die Rede. Das Jahr 2024 werde »nicht dem Anspruchsdenken der Vergnügungssüchtigen gehören, sondern den Leuten, die Sandsäcke schleppen«. Und zwar, um »Dämme gegen Schwarzmalerei und Demagogie zu errichten«. Darum sei das Wort der Stunde »Zuversicht«. Amen.

Es war erstaunlich, aber auch nicht verwunderlich, wie sich selbst das kultivierte, überreligiöse Sprachrohr der politischen Klasse dieser Republik inzwischen christlicher Terminologie bediente, um die Staatskrise zu übertönen. Das geschah in der Vergangenheit stets in einer gesellschaftlichen Endphase, die darum auch »Götterdämmerung« heißt. Nicht nur bei Richard Wagner.

Die sprachliche Volte der *FAZ* ist nicht gänzlich abwegig: In der aktuellen Lage scheint nur noch beten zu helfen. Wie hoffnungslos die Lage ist, offenbarte auch der *Tagesspiegel* in einem Leitartikel zu Beginn des Jahres 2024. Die Berliner Tageszeitung ist der Wiedergänger der Frontstadtpostille des Kalten Krieges, ideologisch und materiell gesponsert aus Übersee. Dort hieß es tatsächlich: »Wenn sich etwas von Chinesen lernen lässt, dann von Konfuzius: ›Wer das Morgen nicht bedenkt, wird Kummer haben, bevor das Heute zu Ende geht.‹«

Abgesehen davon, dass sich weitaus mehr von den Chinesen lernen lässt, dieser Hinweis auf weitschauende Politik und Nachhaltigkeit – vor etwa zweieinhalbtausend Jahren in Fernost erteilt – gilt natürlich auch für das christliche Abendland. Für die hier praktizierte Form des Wirtschaftens und die daraus abgeleitete und dafür gemachte Politik. Dass im *Tagesspiegel* Konfuzius als Kronzeuge aufgerufen wurde, ist beredt genug.

Land unter also und kein trocknes in Sicht. Die Mittelschicht, Rückgrat und Fundament der bürgerlichen Gesellschaft zugleich, hat zu kämpfen. Sie fürchtet inzwischen um ihre Zukunft, hat berechtigte Sorgen vorm sozialen Abstieg und vorm Verlust dessen, was sie sich in Jahren und Jahrzehnten erarbeitet (und eben nicht geerbt) hat. Der Spruch, der einst Generationen motivierte, nämlich »Die Kinder sollen es einmal besser haben«, ist heute Geschichte, erledigt, illusorisch, unerfüllbar.

Unter solch angespannten Umständen ist zielloses Handeln der Obrigkeit politisch tödlich. Wer Angst hat, ist für klare Ansagen empfänglich, die einen Ausweg versprechen und eine vage Hoffnung auf Änderung, gar Besserung, nähren. Der Esel bei den Bremer Stadtmusikanten trötete einst: »Etwas Besseres als den Tod findest du überall!«

Wer sich fürchtet, entscheidet oft irrational.

So bröckelt die Basis der etablierten Parteien. Die Häuptlinge sehen die Umfragewerte und pfeifen auf dem Friedhof: »Das ist nur eine Momentaufnahme.« Womit auf die Vergänglichkeit des Moments verwiesen wird. Die Momente aber haben sich längst verfestigt, die Richtungen diverser Befunde sind stabil, gelegentliche Ausreißer bedeuten keine Kursänderung, sondern liegen im Trend. In Sachsen, wo ich geboren wurde und eine Zeitlang politisch tätig war, regierte in den zwanziger Jahren des vorigen Jahrhunderts eine Koalition von Sozialdemokraten und Kommunisten. Ihr war nur ein kurzes Dasein beschieden. Die Reichswehr marschierte im Oktober 1923 ein, Reichspräsident Ebert (SPD) setzte Ministerpräsident Zeigner (SPD) ab. Sachsen galt als Stammland der Sozialdemokratie, bei den ersten Landtagswahlen nach dem Ersten Weltkrieg kam sie immer auf knapp 42 Prozent. Die Umfragen zu Beginn des Jahres 2024 sahen die SPD bei drei Prozent und damit nicht einmal mehr im sächsischen Parlament.

Die Konservativen, die bei den drei Landtagswahlen im Freistaat in den neunziger Jahren immer weit über fünfzig Prozent bekamen, bewegten sich bei aktuellen Umfragen knapp über dreißig Prozent. Hinter der AfD. Angeblich sollen deren Werte noch höher sein als vermeldet, um die Panik nicht noch zu vergrößern. Nach diesem Prinzip betrieb die DDR Informationspolitik. Es erwies sich als einer ihrer Sargnägel. Und auch die Begründung von damals kann ich liefern, warum man mit der Wahrheit hinterm Berg hält. Es sind immer die Sorgen um die Macht.

Vielleicht will man mit frisierten Zahlen Mitleid mit den Verlierern wecken, um die Ausharrenden zum Verbleiben und die Abgängigen zur Rückkehr zu bewegen. Für die (vermeintlichen) Favoriten hingegen scheint alles gelaufen, der Sieg ist sicher – egal, ob man auf dem Sofa sitzen bleibt oder wählen geht. Das lullt ein.

Umfragen sind immer ambivalent, sie wirken in die eine oder andere Richtung und sind darum stets mit einer gewissen Vorsicht zu betrachten.

Gleichwohl sind die Trends nicht zu leugnen. Je mehr man jedoch politische Arithmetik betreibt, um Mehrheiten und damit Regierungsfähigkeit zu organisieren, desto geringer wird das Vertrauen der Bevölkerung in die Regierungspolitik und in ein System, das sich demokratisch drapiert. Das Misstrauen wird allein schon durch die Diskussion befeuert, die AfD verbieten zu wollen. Ja, viele ihrer Protagonisten sind rechtsextrem und werden – einzeln und/oder als Landesverband – darum auch mit nachrichtendienstlichen Mitteln überwacht. Abgesehen davon, dass ein juristisches Verbot der Partei diese zum Opfer machte, die Arien der vermeintlichen politischen Märtyrer ahne ich bereits.

Mich ärgert auch das Argument, dass die Erfolgsaussichten größer seien als bei dem 2017 gescheiterten Versuch, die NPD zu verbieten. Man verweist auf das ungleich größere politische Vermögen, die freiheitlich-demokratische Grundordnung im Sinne des Artikels 21 Absatz 2 GG zu beseitigen. Die Splitterpartei NPD habe, so hatte seinerseits das Bundesverfassungsgericht in seinem Urteil argumentiert, nicht die gesellschaftliche Größe, um ihre verfassungsfeindlichlichen Ziele zu realisieren. Deshalb bedürfe es »des präventiven Schutzes der Verfassung durch ein Parteiverbot nicht«.

Traf das nicht auch auf die KPD und deren Verbot 1956 zu? (Übrigens war der Antrag von der Bundesregierung beim Bundesverfassungsgericht schon 1951 gestellt worden – sechs Jahre nach der Nazidiktatur, die ebenfalls diese Partei verboten und deren Mitglieder verfolgt, in Lager gesperrt und ermordet hatte.) Um eben dieser Frage zuvorzukommen, hatte das Bundesverfassungsgericht bei der Ablehnung des NPD-Verbotsantrages 2017 prophylaktisch erklärt: »An der abweichenden Definition im KPD-Urteil, nach der es einem Parteiverbot nicht entgegenstehe, wenn für die Partei nach menschlichem Ermessen keine Aussicht darauf besteht, dass sie ihre verfassungswidrige Absicht in absehbarer Zukunft werde verwirklichen können (BVerfG 5, 85 <143>), hält der Senat nicht fest.«

Mit anderen Worten: Das damalige Urteil war also falsch, die seinerzeitige Begründung nicht ausreichend, weshalb man es nicht heranziehen könne und wolle.

Jetzt aber halten manche im Falle der AfD die kritische Masse für erreicht. Diese Partei könne nicht nur theoretisch, sondern aufgrund ihrer aktuellen Stärke auch praktisch Aussicht haben, ihre verfassungsfeindlichen Ziele in Regierungsverantwortung durchzusetzen. Und damit sei der entscheidende Grund gegeben, die Partei zu verbieten. 2017 hieß es: »Im parlamentarischen Bereich verfügt die NPD weder über die Aussicht, bei Wahlen eigene Mehrheiten zu gewinnen, noch über die Option, sich durch die Beteiligung an Koalitionen eigene Gestaltungsspielräume zu verschaffen.«

Das gilt angesichts der gegenwärtigen Zahlen für die AfD nicht mehr.

Auch mich stört diese Partei, ich will sie aus hunderterlei Gründen weghaben. Aber nicht durch ein Verbot.

Denn: Ein Verbot beseitigt nicht die politischen Ursachen, weshalb diese Partei überhaupt erst entstehen und binnen eines Jahrzehntes so groß werden konnte. Die Liquidierung einer Struktur beseitigt nicht das Denken, das dahinter steht. Schon gar nicht dessen Träger. Wollen wir sie etwa internieren, sie zu »Blutzeugen« der Bewegung machen wie einst die Nazis ihre »im Kampf gefallenen Kameraden«? Solchen idiotischen Heldenkult brauchen wir nicht.

Und zweitens: Es steht zu befürchten, dass durch die juristische Ausschaltung des erfolgreichen Konkurrenten die anderen Parteien zur alten Geschäftsordnung zurückkehrten. Sie müssten nunmehr nicht mehr um ihren Machtverlust im Parteienstaat fürchten – sie könnten so weitermachen wie bisher. Und das wäre für die Bundesrepublik Deutschland mindestens so schlimm wie AfD-Regierungen in den Bundesländern.

Wir brauchen aber nicht nur eine Inventur der Bundesrepublik, sondern eine Kurskorrektur. Wir brauchen eine politische Wende.

Was ist zu tun? (Und das nicht nacheinander, sondern gleichzeitig, was Berserker in allen Bereichen und auf allen Ebenen erfordert, die aktuell jedoch noch nicht auszumachen sind.)

Wir brauchen erstens solide außenpolitische und außenwirtschaftliche Beziehungen, die auf Diplomatie und nicht auf Gewalt oder Androhung von Gewalt gründen. Willy Brandt irrte nicht mit seiner Erkenntnis: Frieden ist nicht alles, aber ohne Frieden ist alles nichts. Und auch Helmut Kohl und Erich Honecker lagen nicht falsch, als sie 1985 in Moskau bei ihrer ersten Begegnung gemeinsam erklärten: »Von deutschem Boden darf nie wieder Krieg, von deutschem Boden muss Frieden ausgehen.«

Wir sollten eigentlich nach zwei Weltkriegen und einem nicht minder kostspieligen Kalten Krieg wissen, dass gewaltsame Auseinandersetzungen nicht zur Wohlfahrt des eigenen Volkes wie auch anderer Völker beitragen. Ein Krieg löst allenfalls die

Probleme, die erst durch den Krieg geschaffen werden, nicht jene Probleme, weshalb der Krieg vorgeblich geführt wird. Sie bleiben und müssen danach politisch geklärt werden – was auch zuvor bereits hätte geschehen können und müssen. Friedlich-schiedlich. Ohne Waffen.

Ein für mich typischer Fall ist der gegenwärtige Ukrainekrieg. Inzwischen wurde bekannt, dass er bereits wenige Tage nach seinem Beginn im Februar 2022 hätte beendet werden können: Wie viel Leid wäre allen Beteiligten erspart geblieben! Wie viele globale Verwerfungen, wie viel Umweltverschmutzung! Welche Verschleuderung von Ressourcen, sinnloser Verbrauch von Volksvermögen! Wie viele Menschen würden noch unter uns sein, wie viele ohne Verletzungen und Verstümmelungen in Frieden leben ohne diese Idiotie …

Der frühere israelische Ministerpräsident Naftali Bennett beispielsweise berichtete in einem Interview mit dem israelischen Journalisten Hanoch Daum detailliert über Waffenstillstandsverhandlungen zwischen Russland und der Ukraine im März 2022, die unter seiner Vermittlung stattgefunden hatten. Laut Bennett habe es seinerzeit, also wenige Tage nach Kriegsbeginn, eine gute Chance auf Frieden gegeben, wenn diese nicht vertan worden wäre. Im Berliner *Tagesspiegel* hieß es am 10. Februar 2023: »Aus seiner *(Bennetts – W. R.)* Sicht haben vor allem Großbritannien und die USA den Waffenstillstand verhindert.«

Grundlage für die Verhandlungslösung sei das von der ukrainischen Seite vorgelegte »Istanbuler Kommuniqué« gewesen, das von den Konfliktparteien vorabgestimmt worden war. Russland wollte sich auf seine Position vom 23. Februar 2022 zurückziehen, während die Ukraine garantierte, keine NATO-Mitgliedschaft anzustreben. Um den Status der Krim zu klären, war ein Zeitraum von fünfzehn Jahren vorgeschlagen worden.

Am 25. November 2023 hat diese Aussage Dawid G. Arachamija – Vorsitzender der Parlamentsfraktion von Präsident Selenskis Partei »Diener des Volkes« und Chefunterhändler der Ukraine bei den Friedensverhandlungen in Istanbul – in einem Fernsehinterview bestätigt. Der Westen habe Kiew geraten, militärisch weiterzumachen. Insbesondere der britische Premierminister Boris Johnson habe darauf bestanden, nichts zu unterschreiben und »einfach zu kämpfen«.

Unter Berufung auf Quellen aus dem engen Umkreis des ukrainischen Präsidenten Selenski hieß es bereits am 5. Mai 2022 in der *Ukrainska Pravda*, dass die Verhandlungen zwischen Russland und der Ukraine nach der Visite des britischen Premier am 9. April 2022 in Kiew zum Erliegen gekommen seien. Johnson habe die ukrainische Seite aufgefordert, Putin unter Druck zu setzen, statt mit ihm zu verhandeln. Der Westen werde Kiew nicht weiter unterstützen, wenn die Ukraine mit Russland ein Abkommen schlösse. Schon im Vorfeld seines

Besuchs soll Johnson von Selenski verlangt haben, »keine Zugeständnisse an Putin zu machen«, so das Blatt.

Auch die Londoner *Times* gab am 4. April 2022 die Position des britischen Premiers wieder: keine Einigung mit Russland, solange die Ukraine nicht die Oberhand hat. (»No settlement with Russia until Ukraine holds whip hand, says Boris Johnson.«)

Der ehemalige stellvertretende Außenminister der Ukraine Aleksandr A. Tschaly, der an den Friedensgesprächen in der Türkei teilgenommen hatte, bestätigte am 28. Dezember 2023 gleichfalls die seinerzeitige Absicht Moskaus, zu einer friedlichen Regelung zu gelangen: Der russische Präsident »wollte wirklich eine friedliche Regelung mit der Ukraine erreichen«. Ende April 2022 sei man soweit gewesen, »den Krieg mit einer Art friedlicher Beilegung zu beenden«.

Auch der türkische Außenminister Mevlüt Çavuşoğlu und Numan Kurtulmuş, stellvertretender Vorsitzender der Regierungspartei, machten öffentlich, dass »Selenski unterschreiben wollte«, aber »die Vereinigten Staaten […] wollen, dass dieser Krieg weitergeht«, hieß es am 28. Mai 2023 in der *Sunday Times*. Das wurde in verschiedenen Stellungnahmen der britischen wie der US-Regierung im Frühjahr 2022 bekräftigt: Das strategische Ziel sei ein militärischer Sieg der Ukraine über Russland.

Kurtulmuş erhärtete zudem den Verdacht: »Dieser Krieg ist keiner zwischen Russland und der

Ukraine – es ist ein Krieg zwischen Russland und dem Westen.«

Und die Strategie auf deutscher Seite?

In einer Studie der Deutschen Gesellschaft für Auswärtige Politik vom 6. Dezember 2022 hieß es: »Ziel deutscher Politik müssen der Sieg der Ukraine, die Stärkung ihrer Verteidigungsfähigkeit sowie ihr Wiederaufbau und ihre Integration in die EU sein. Mit diesen Entwicklungen wird voraussichtlich auch ein Wandel in Russland einhergehen.«

An dieser Überzeugung hat sich augenscheinlich wenig bis nichts geändert, es ist Regierungspolitik.

Was für eine gigantische Fehleinschätzung.

Realistische westeuropäische Militärs dringen nicht durch. Kritiker wie Ex-General Harald Kujat – einst Generalinspekteur der Bundeswehr und Vorsitzender des NATO-Militärausschusses – oder Oberst a. D. Wolfgang Richter vom Austria Institut für Europa- und Sicherheitspolitik (AIES) finden kaum Gehör. Richter forderte in einem Gespräch mit dem *RBB* am 3. Januar 2024 mehr Realitätssinn ein und bedauerte, dass der »Kompromissfrieden« auf der Basis des Istanbuler Kommuniqués vom 29. März 2022 nicht zustandegekommen sei. Dies sei »kurzsichtig« gewesen. Das Ende einer neuen Exitstrategie werde ungleich unvorteilhafter für die Ukraine sein als 2022. Ein Abnutzungskrieg, wie er seit dem Scheitern der ukrainischen Offensive im Sommer 2023 geführt werde, kostet unendlich viel auf beiden Seiten, sei aber von keiner Seite zu gewinnen. Am Ende würde der demografische Faktor entscheiden, und da sehe er keinen Vorteil auf ukrainischer Seite. Die maßgebenden Politiker auf westlicher Seite sollten sich von einem Wunschdenken verabschieden und zur Realität zurückkehren.

Kujat wurde am 8. Oktober 2023, in einem der seltenen Interviews, die man noch mit ihm führte, deutlicher. Er nannte die deutsche Politik »fanatisch«. (Wir kennen diesen Begriff aus den letzten Monaten des Zweiten Weltkrieges). Man schaue nicht nach links und rechts, nehme keine Rücksicht »auf das Wohlergehen der eigenen Bevölkerung, aber auch ohne zu bedenken, welche Konsequenzen diese Politik für die ukrainische Bevölkerung hat, die unter diesem Krieg leidet mit Hunderttausenden Toten, mit der Zerstörung dieses Landes. All das wird damit verbrämt, dass man sagt: ›Die Ukraine muss gewinnen‹. ... Das ist keine Politik, das ist Fanatismus.«

Es werde alles über Bord geworfen, »was wir aus unserer Geschichte gelernt haben, was wir in den letzten Jahrzehnten aus dieser Erfahrung heraus gerade in unserer Außen- und Sicherheitspolitik angewendet haben«. Das sei eine Politik gewesen, die dazu geführt habe, »dass wir über Jahrzehnte in Sicherheit und Wohlergehen leben konnten. All das wird gefährdet.« Er, Kujat, halte es für unverantwortlich, wenn Politik »ohne Rücksichtnahme auf die Risiken, ohne Rücksicht auf die Konsequenzen« gemacht werde.

»Leider ist in unserer Bundesregierung die Fähigkeit zum sicherheitspolitischen Weitblick ganz gering ausgeprägt oder gar nicht vorhanden. Und die Fähigkeit zu einer strategisch vernünftigen Beurteilung, die ist schon gar nicht vorhanden«, so der pensionierte Bundeswehrgeneral.

Damit sind wir beim Ausgangspunkt auf der Agenda der notwendigen Politikkorrektur in Deutschland: Rückkehr zu Realitätssinn in unseren Außenbeziehungen. Das schließt die nationale Souveränität ein – d. h. Abkehr von Abhängigkeiten, die uns mitunter in gefährliche Abenteuer treiben. Souveränität bedeutet nicht Nationalismus und Isolation: Deutschland braucht die ganze Welt als Partner und als Markt. Reichskanzler Bismarck wusste und handelte entsprechend: Frieden sichert man durch die Herstellung und Aufrechterhaltung eines Kräftegleichgewichts, nicht durch Dominanz und Aggression.

Also mit »sicherheitspolitischem Weitblick« und »strategisch vernünftiger Beurteilung«.

Kujat äußerte in einem Gespräch mit den *Deutschen Wirtschaftsnachrichten* am 17. September 2023 die Befürchtung, dass der Ukrainekrieg zur Urkatastrophe des 21. Jahrhunderts werden könne. Das war eine Anspielung auf den Ersten Weltkrieg, dem dieses Etikett für das 20. Jahrhundert verpasst worden war. NATO und Russland steuerten auf einen offenen Krieg zu. Und wenn man Äußerungen des Militärhistorikers Sönke Neitzel in der ersten

Nummer des *Spiegel* 2024 liest, blieben fünf Jahre zur Vorbereitung.

Kujat erinnerte in den *DWN* daran, dass 1997 mit dem NATO-Russland-Grundlagenvertrag und dem NATO-Russland-Rat auf politischer und militärischer Ebene eine Phase enger politischer Abstimmung und militärischer Zusammenarbeit begonnen habe. Man habe das gegenseitige Vertrauen und die Zusammenarbeit stärken wollen. Der NATO-Russland-Rat war das Forum für Konsultation, Koordination und, im größtmöglichen Umfang, wo dies angebracht war, für gemeinsame Entscheidungen und gemeinsames Handeln in Bezug auf Sicherheitsfragen von beiderseitigem Interesse. »Die Folge war eine signifikante politische Entspannung und militärische Abrüstung.«

Der strategische Wendepunkt sei weder die Wiederwahl Putins 2012 noch die Besetzung der Krim 2014 gewesen, schon gar nicht der Überfall auf die Ukraine im Februar 2022. »Der strategische Wendepunkt in den Beziehungen zwischen der NATO und Russland war im Juni 2002 die einseitige Kündigung des ABM-Vertrages von 1972 zur Abwehr ballistischer Interkontinentalraketen durch die USA. Zwischen dem ABM-Vertrag und dem Abkommen über die Begrenzung land- und seegestützter interkontinentalstrategischer Offensivwaffen bestand ein enger sachlicher Zusammenhang«, so General a. D. Kujat. Die Kündigung des Abkommens sei von Russland als Versuch gesehen worden, das strategische Gleichgewicht zugunsten der USA zu verändern. Zumal in der NATO gleichzeitig die Planungen für ein eigenes Raketenabwehrsystem begannen, das heute als Ballistic-Missile-Defense-System in Polen und Rumänien disloziert ist.

Russland habe befürchtet, dass diese Flugkörper auch für Angriffe auf die Silos russischer Interkontinentalraketen eingesetzt werden und somit die russische Zweitschlagsfähigkeit im Falle eines Angriffs auf Russland gefährden könnten.

Nach Kujats Auffassung markierte der NATO-Gipfel in Bukarest 2008 den politischen Wendepunkt. US-Präsident Bush wollte dort eine Einladung zur Mitgliedschaft der Ukraine und Georgiens durchsetzen. Insbesondere Frankreich und Deutschland haben dagegen votiert. »Zur Gesichtswahrung des amerikanischen Präsidenten wurde für beide Staaten eine NATO-Perspektive in das Kommuniqué aufgenommen. Der georgische Präsident Saakaschwili nahm dies zum Anlass, das abtrünnige Süd-Ossetien zurückzuerobern, was durch den Einsatz russischer Streitkräfte verhindert wurde. Danach verschärften sich die Spannungen zwischen dem Westen und Russland zusehends.

Die NATO suspendierte den NATO-Russland-Rat und die Ukraine rückte immer mehr in das Zentrum der Spannungen.« Das geostrategische Ziel der USA in diesem Krieg bestehe darin, Russland politisch, wirtschaftlich und militärisch zu schwächen, um sich stärker dem eigentlichen geopolitischen

Rivalen, China, zuwenden zu können. Einen Zwei-Fronten-Krieg zu führen gegen Russland und China seien die USA »nicht in der Lage«.

Merke:
Zuversicht hilft nicht, Kriege zu beenden. Und wenn man Rüstungsgüter exportiert, kommen Flüchtlinge zurück.

*Wir neigen dazu, die sozialstaatliche Prägung
der deutschen Identität mit Ludwig Erhard
und seiner »sozialen Marktwirtschaft« zu verbinden.
Das ist historisch falsch.
Das Deutsche Reich unter Bismarck wurde zu einem
internationalen Vorbild der Sozialgesetzgebung.
Auf der Weltausstellung 1893 in Chicago präsentierte
Deutschland in einem Pavillon
das Berliner Reichsversicherungsamt.
Eine Broschüre von Dr. Georg Zacher,
Mitarbeiter des Amtes, wurde bis 1908 dreizehn Mal
aufgelegt. Sie erschien in deutscher, englischer,
spanischer und dänischer Sprache
in einer Auflage von über 500 000 Stück.*

Klaus von Dohnanyi,
in: Nationale Interessen,
München 2022

Umbau des Wohlfahrtsstaates

Zweiter Punkt auf der Agenda, womit keine Reihenfolge präjudiziert ist, denn die menschlichen Schöpfung wird nicht allein durch Frieden gesichert, sondern auch durch die Bewahrung der Natur. Die Abwendung der drohenden Klimakatastrophe ist von mindestens ebenso existenzieller Bedeutung wie die Verhinderung eines apokalyptischen Krieges, der durchaus im Bereich des Möglichen liegt. Da sollten wir uns keiner Illusion hingeben.

Die Klimarettung verlangt einen komplexen sozial-ökologischen Umbau der Gesellschaft, der die Umstrukturierung unserer Wirtschaft einschließt. Und Umbau geschieht nicht durch Mülltrennung und Umstieg von Auto auf Lastenfahrrad, weder durch diktatorisch verordnete Wärmepumpen, Pfand auf Plastikmilchflaschen oder Verteuerung des Agrardiesels, nicht durch Streichung von Subventionen für Emobile, nicht durch die Erhebung von Zwangssteuern auf Importe oder durch Boykotte von russischem Erdgas, nicht mit Dreißiger-Zonen und Blumenkübeln in Innenstädten.

Das ist hübsch mitunter, bleibt aber dennoch Flickwerk, ist Herumdoktern am Detail. Oft ideologisch oder profilneurotisch motivierte Entscheidungen auf Nebenkriegsschauplätzen. Das schürt in summa den Unmut in der Gesellschaft. Nicht zuletzt wächst bei solchem Gezerre der Zweifel an der Qualifikation der Regierenden (einschließlich der Fähigkeit der parlamentarischen Opposition, die keine konstruktiven Alternativen biete). Der Bundeskanzler erweist sich überdies als Realsatiriker: »Wer bei mir Führung bestellt, bekommt sie auch.«

Der Juso-Vorsitzende Philipp Türmer reagierte auf dem SPD-Parteitag im Dezember 2023 entsprechend: »Hiermit bestelle ich sie.« Die Menschen warteten »dringend auf Lieferung«.

Da werden sie vermutlich bis zum St. Nimmerleinstag warten. Oder bis zum Ende der Legislaturperiode 2025.

Umbau der Ökonomie (unter Einschluss ökologischer Gesichtspunkte) setzt die zwingende Einsicht voraus: Es geht nicht mehr um Expansion der Wirtschaft, nicht um endlose Steigerung der Produktion. Sondern um Intensivierung und Nachhaltigkeit, um geschlossene Stoffkreisläufe, Schonung von Ressourcen und Abfallvermeidung. Das Ziel heißt Klimaneutralität, der Weg dorthin Kreislaufwirtschaft.

Vor einem halben Jahrhundert veröffentlichte der *Club of Rome* »Die Grenzen des Wachstums«. Es könne nicht so weitergehen mit dem ewigen Wachstum, das zerstöre die Erde, sprenge die planetaren Grenzen, führe in den Untergang, warnten 1972 siebzehn Wirtschaftswissenschaftler. Ihr Bericht wurde zu einer der einflussreichsten Wissenschaftspublikationen des 20. Jahrhunderts. »Wenn die gegenwärtige Zunahme der Weltbevölkerung, der Industrialisierung, der Umweltverschmutzung, der Nahrungsmittelproduktion und der Ausbeutung von natürlichen Rohstoffen unverändert anhält, werden die absoluten Wachstumsgrenzen auf der Erde im Laufe der nächsten hundert Jahre erreicht«, lautete die Botschaft.

Das Buch wurde in Dutzende Sprachen übersetzt, in Deutschland stand es jahrelang auf den Bestsellerlisten, zumal es kein Fachchinesisch enthielt, sondern in einer verständlichen Sprache die Probleme benannte und Zusammenhänge sichtbar machte. Nicht im Stile des heute bei Untergangspropheten üblichen Alarmismus, sondern sachlich und seriös.

Der Bericht brachte viele Menschen dazu, Atomkraft, Abgase und Abfall kritisch zu betrachten, es entstanden Umwelt-Nichtregierungsorganisationen und grüne Parteien. »Die Grenzen des Wachstums« beeinflusste nachweislich die Umweltbewegung.

Die Autoren hatten mit den damaligen technischen Möglichkeiten (Großrechner sollte es erst Jahrzehnte später geben) ein Weltmodell, »World3« genannt, entwickelt, in das bekannte Daten eingearbeitet und deren Wechselwirkungen untersucht wurden. Es waren dies Zahlen aus den Bereichen Weltbevölkerung, Industrie- und Nahrungsmittelproduktion pro Kopf, globale Rohstoffvorräte und Umweltverschmutzung.

Sie warnten vor den Gefahren durch die zunehmende CO_2-Konzentration in der Luft und deren Folgen. Ihre negativen Vorhersagen für die Jahrtausendwende traten fast exakt ein, wenngleich sie sich selbst seinerzeit unzufrieden zeigten. Ihre Befunde seien keine Prognosen, sondern Annahmen aus möglichen Szenarien, schränkten sie ein. Wissenschaftler halt, die präzise sein wollten.

Trotz positiver Resonanz in der Leserschaft waren diese Experten harten Attacken aus Politik, Wirtschaft und Wissenschaft ausgesetzt. Die reichten vom Vorwurf, die Untersuchung selbst sei Müll und Unfug, bis zur einfältigen Abwehr, der Planet sei groß genug und das Wirken des Menschen vorerst unerheblich (John Maddox, Herausgeber des seit 1869 erscheinenden britischen Wissenschaftsjournals *Nature,* neben der US-amerikanischen *Science* die weltweit angesehenste Zeitschrift für Naturwissenschafte).

Kritik kam insbesondere aus der Wirtschaft, weil der Bericht nicht ins damalige Weltbild passte. In den Chefetagen der Konzerne wollte man nicht einsehen, dass Wohlfahrt nicht nur mit Arbeit, sondern auch auf Kosten der Natur und zu Lasten späterer Generationen erwirtschaftet werde.

Der Bericht bremste also keineswegs das Streben nach möglichst viel Wirtschaftswachstum, das Marx hundert Jahre zuvor als Profitstreben bezeichnet und plastisch charakterisiert hatte. (»Das Kapital hat einen Horror vor Abwesenheit von Profit oder sehr kleinem Profit, wie die Natur vor der Leere. Mit entsprechendem Profit wird Kapital kühn. Zehn Prozent sicher, und man kann es überall anwenden; 20 Prozent, es wird lebhaft; 50 Prozent, positiv waghalsig; für 100 Prozent stampft es alle menschlichen Gesetze unter seinen Fuß; 300 Prozent, und es existiert kein Verbrechen, das es nicht riskiert, selbst auf Gefahr des Galgens.«)

Allerdings erwiesen sich die globalen Rohstoffreserven größer als 1972 bekannt. Auch bestätigte sich der direkte Zusammenhang zwischen industrieller Produktion und Umweltverschmutzung nicht in der erwarteten Weise. Denn die Volkswirtschaften in den Industriestaaten entwickelten sich nicht so rasant weiter wie befürchtet. Inzwischen hat sich das Wirtschaftswachstum in den USA und in Westeuropa nahezu halbiert, es liegt gegenwärtig durchschnittlich lediglich bei einem Prozent im Jahr.

Das aber ist eher dem demografischen Wandel und dem Anstieg der Dienstleistungen geschuldet und nicht einem nachhaltigeren Wirtschaften. (Ende 2023 erreichte der Energieverbrauch in Deutschland ein historisches Tief – er lag ein Viertel unter dem bisherigen Höchstmstand im Jahr 1990. Ursache aber war nicht, was wirklich zu beklatschen gewesen wäre, eine höhere Energieeffizienz, sondern das Schrumpfen der wirtschaftlichen Leistung. Vor allem die energieintensiven Industriezweige verzeichneten Produktionsrückgänge, was spürbare Auswirkungen auf den Energieverbrauch hatte. Hier! Denn Stahl und Aluminium etwa werden nun in China produziert, und die dafür notwendige Energie wird gewonnen durch den Ausbau konventioneller Energieerzeugung, wofür der Westen zynisch die Chinesen attackiert.)

Der demografische Wandel in den westlichen Industriestaaten sorgt dafür, dass die Menschen immer älter werden und der Anteil der Werktätigen in der Gesellschaft folglich prozentual geringer wird. Das senkt ebenfalls das Wachstum. Die Bildungsexpansion ließ zudem die Gehälter steigen, was im Schnitt die Menschen lieber ins Büro gehen lässt, als viele Kinder zu bekommen. Die Autoren von »Grenzen des Wachstums« hatten das Gegenteil vorhergesagt: Reiche Menschen würden mehr Kinder bekommen, weil sie sich diese leisten könnten. Tatsächlich steckten die Menschen ihr Geld lieber in Dienstleistungen, also in Reisen, Kultur, Unterhaltung, Restaurants.

Dienstleistungen treiben das Wachstum nicht exponentiell. Eine Ärztin wird nicht plötzlich zehnmal so viele Menschen behandeln, ein Koch nicht mehr Gerichte kochen und ein Lehrer nicht mehr Schüler ausbilden, weil sie auf Grund des technischen Fortschritts mehr Zeit haben. Durch die Überalterung wächst auch der Pflegebedarf.

Je höher der Anteil der Dienstleistungen am Bruttoinlandsprodukt, desto langsamer wächst die

Wirtschaft. Das hilft zwar auch der Klimabilanz: Ein neuer Netflix-Film verbraucht weniger Ressourcen als ein neues Stahl-Werk. Aber es findet weniger Wertschöpfung im eigentlichen Sinne statt.

Allerdings muss man sehen: Die beschriebene Entwicklung trifft allenfalls auf die westlichen Industriestaaten zu. Im armen Süden, also für etwa vier Fünftel der Menschheit, gilt das (noch) nicht. Die Mehrzahl der nationalen Volkswirtschaften dort ist nicht *fully grown,* ausgewachsen, wie Ökonomen gern die westlichen Wirtschaften nennen und dies zum Beweis für ihre These nehmen, dass der Club of Rom und seine Warnungen überholt seien. »Das Buch bereichert nicht das heutige Nachdenken über nachhaltiges Wirtschaften, sondern erschwert es mit seinen falschen Annahmen«, höhnte im März 2022 die *Süddeutsche Zeitung.* Man könne es getrost ignorieren.

Eine solche Ansage ist töricht. Viele in diesem Buch beschriebene Szenarien sind sogar übertroffen worden. Das gilt vor allem für ein Thema, das 1972 noch unbekannt war: den Klimawandel. Zwar geht der Bericht auf »thermale Verschmutzung« ein und erwähnt das beim Verbrennen von Öl, Gas und Kohle freiwerdende Kohlendioxid. Doch die Ursachen der Erderwärmung sollten erst in den 1980er Jahren geklärt werden.

»Die Grundaussage des Berichts ist nach wie vor richtig«, widersprach allen Kritikern im Frühjahr 2022 der Klimaforscher Mojib Latif, Präsident der

Deutschen Gesellschaft Club of Rome, anlässlich des Erscheinens dieses Buches vor einem halben Jahrhundert. »Inzwischen stehen wir mit dem Rücken zur Wand und sehen, wie die Welt allmählich aus dem Ruder läuft.«

Als Beispiele nannte er – neben dem Klimawandel – die Umweltzerstörung, den Verlust der Artenvielfalt und die soziale Ungleichheit. »Unser Wirtschaftssystem belohnt Umweltzerstörung und niedrige soziale Standards«, sagt der 1954 in Hamburg geborene Sohn pakistanischer Eltern. Prof. Latif, studierter Meteorologe, Ozeanograph, Klimaforscher und Hochschullehrer, monierte: »Es gibt keine Regeln in dem System, das ist das eigentliche Problem. Da versagt die Politik, die getrieben wird von wirtschaftlichen Gruppen.« Der Staat müsse Vorgaben machen, etwa mit Anreizen und Förderprogrammen, und Generationen übergreifend denken und handeln.

Ich folge auch darin Latif, wenn er feststellt: »Wir brauchen die Marktwirtschaft. Sie stimuliert Innovationen, und nur so bekommt man die besten Lösungen.« Die Frage für mich lautet jedoch: Was für eine Marktwirtschaft brauchen wir? Und welche Innovationen?

Man möge mich steinigen, wenn ich an dieser Stelle das Modell der Sozialen Marktwirtschaft erwähne, die von Ludwig Erhard einst kreiert wurde. Dabei geht es mir keineswegs um eine nostalgische Verklärung der mit seinem Namen verbundenen

Wirtschaftswunderjahre. Auch diese Phase der Geschichte der Bundesrepublik gehört zu ihren Gründungsmythen, um nicht zu sagen: Lebenslügen.

Die Adenauer-Zeit war schrecklich, politisch zudem reaktionär. Der fulminante ökonomische Wiederaufstieg nach dem Krieg wäre ohne die massive ökonomische Unterstützung durch die USA kaum geglückt. (Dass die Amerikaner dabei selbstlos handelten, ist wiederum ein anderes Märchen. Das eigentliche deutsche Wirtschaftswunder passierte in der DDR – ohne Marshallplan und trotz Reparationen, die der kleinere deutsche Staat für ganz Deutschland leisten musste. Leider blieb dem ostdeutschen Wirtschaftswunder nachhaltiger Erfolg jedoch versagt.)

In jener Zeit erwies sich die »soziale Marktwirtschaft« als der Kitt, der die westdeutsche Gesellschaft zusammenhielt und die Westdeutschen im Kalten Krieg motivierte. Das war quasi ein Kapitalismus mit menschlichem Antlitz, denn er leistete sich wirksame soziale Sicherungen für all jene, die den Wohlstand in den Fabriken, in Werkstätten und anderen Betrieben täglich erarbeiteten. Sie wurden gleichsam an den Gewinnen beteiligt.

Das qualitativ Neue gegenüber dem bisherigen Kapitalismus bestand in der ganzheitlichen Gestaltung der Wirtschaftsordnung, also in der Überwindung des in diesem System gängigen Dualprinzips – auf der einen Seite die kapitalistische Marktwirtschaft und auf der anderen Seite der sozialpolitische Korrekturbereich. Eine wirksame soziale Sicherung der Bundesbürger sollte nach den Vorstellungen Erhards nicht nur durch Maßnahmen der Sozialpolitik des Staates erfolgen, sondern durch eine Wohlstand gewährleistende marktwirtschaftliche Ordnung. Für ihn war ein funktionierender – nicht durch Monopole, durch staatliche Protektion oder andere Formen äußerer Einflussnahmen verzerrter – Wettbewerb der grundlegende Baustein einer Sozialen Marktwirtschaft.

Ludwig Erhard bezeichnete darum das 1958 beschlossene *Gesetz gegen Wettbewerbsbeschränkungen* (GWB) als »Grundgesetz der Sozialen Marktwirtschaft«. In seinem Buch »Wohlstand für Alle« schrieb Erhard: »Nicht der Staat hat darüber zu entscheiden, wer am Markt obsiegen soll, aber auch nicht eine unternehmerische Organisation wie ein Kartell, sondern ausschließlich der Verbraucher.« Für ihn waren Wettbewerb und die soziale Funktion des Verbraucherschutzes eng miteinander verknüpft. 2023 wurde das *Gesetz gegen Wettbewerbsbeschränkungen* zum elften Male novelliert.

Allein an dieser Zahl ist ablesbar, wie oft nicht nur bei diesem Gesetz, sondern auch an Ludwig Erhards Vorstellungen von einer »sozialen Marktwirtschaft« Hand angelegt wurde. Nicht minder wichtig für sein System war die Geldwertstabilität. Sie war wichtige Voraussetzung für das reibungslose Funktionieren des Kapitalismus und damit für Wirtschaftswachstum und Beschäftigung, Stichwort

Planungssicherheit. Inflation beeinträchtigte zudem die soziale Sicherung, indem gerade die wirtschaftlich Schwachen in ihrem Konsum betroffen wurden. Wer wenig oder gar kein Geld hatte, kaufte nur das Nötigste. Da blieb nichts übrig für »Luxus«.

Zum anderen wurden Sparer und Anleger durch die Geldentwertung, also die Inflation, betroffen und benachteiligt bei der Geldvermögensbildung. Diese jedoch war im Konzept der Sozialen Marktwirtschaft laut Erhard ein wichtiges Motiv, in Eigeninitiative staatliche und kollektive soziale Sicherungen durch private soziale Sicherungen zu ergänzen. Doch wenn man nichts hatte, das man »auf die hohe Kante legen« konnte, ließ (und lässt) sich weder Vermögen »bilden« noch ausgeben. Unmöglich zu planen, was morgen und übermorgen sein würde oder könnte. Man musste schließlich erst den heutigen Tag überstehen.

»Planungssicherheit« ist bei den gegenwärtigen Protesten und Unmutsbekundungen gegenüber der Regierungspolitik eines der häufigsten gebrauchten Schlagworte. In der ersten Woche des neuen Jahres 2024 spuckte das Internet aus: »Baustoffindustrie fordert mehr Verlässlichkeit und **Planungssicherheit** in der Baupolitik« (Bundesverband Baustoffe – Steine und Erden e.V., bbs); »**Planungssicherheit** für Landwirtschaft schaffen« (Thüringer Landtagsfraktion der Grünen); »**Planungssicherheit** für die Wärmewende – die Wärmepumpe als wichtiger Erfolgsfaktor« (PwC Legal Deutschland); »Nächtliche Betriebsruhe zwischen Halle (Saale) und Nordhausen zur Erhöhung der **Planungssicherheit**« (Hessen/Sachsen-Anhalt/Thüringen Lok Report); »Zukunft des Deutschlandtickets: Verbraucherschützer fordern Klarheit und **Planungssicherheit**« *(RND);* »Glyphosat-Eilverordnung sorgt für **Planungssicherheit**« (Bundesministerium für Ernährung und Landwirtschaft); »Erleichterung nach Haushaltsbeschluss 2024: Der Etat mit einem neuen Rekordvolumen von mehr als 13,5 Milliarden Euro schafft **Planungssicherheit** und sorgt für ein Mindestmaß an politischer Stabilität« *(Zeit online);* »Betreiber von Biogasanlagen fordern **Planungssicherheit**« *(ARD frankenschau-aktuell);* »Neues Heizungsgesetz bringt endlich **Planungssicherheit**« (*Forstpraxis*, Informationsportal für Förster, Forstunternehmer und Waldbesitzer); »Wir haben eine Vertrauenskrise. Die Wirtschaft braucht **Planungssicherheit**.« (Bayer-Aufsichtsratsvorsitzender Nobert Winkeljohann in *Handelsblatt* und *Tagesspiegel*) …

Und dabei galt Planwirtschaft seit 1990 als Inkarnation des sozialistischen Teufels.

Planungssicherheit ist eine freundlichere und harmlosere Vokabel für Perspektivlosigkeit. Denn genau das bringt die Forderungen um Ausdruck: Man weiß nicht, wohin die Reise geht.

Als Erhard 1966 seinen Hut nahm und als Bundeskanzler nach nur zwei Jahren Amtszeit zurücktrat, betrug der Anteil aller Sozialleistungen am Bruttoinlandsprodukt rund zwanzig Prozent. Im

Jahr 2021 waren es bereits 34 Prozent. Wachsender Wohlstand hatte also nicht, wie es Ludwig Erhard vorschwebte, zu weniger staatlichen und kollektiven Sozialleistungen geführt.

Und zweitens: Deren Verteilung erfolgte ungerecht, weil darüber politische Präferenzen und nicht die Bedürftigen entschieden. Die Ludwig-Erhard-Stiftung befand betrübt anlässlich des 125. Geburtstages ihres Namensgebers: »Erhard war den Menschen zugewandt, und es wäre für ihn wohl nicht zu rechtfertigen gewesen, dass in einer Sozialen Marktwirtschaft gemäß einer Studie der Bertelsmann-Stiftung aus dem Jahr 2020 ein Fünftel, das sind 2,8 Millionen, der Kinder und Jugendlichen unter 18 Jahren von Armut bedroht sind.«

Der Kinderschutzbund sprach Anfang 2024 sogar von 4,4 Millionen Kindern in Armut, was insbesondere Dietmar Bartsch von den Linken regelmäßig empört. Und mit seinem Verweis, dass nur dreißig Prozent der angebotenen Leistungen wahrgenommen werden, weil die übrigen siebzig Prozent entweder nicht bekannt oder die Wege zu lang sind, um diese Angebote abzurufen, macht er auf ein weiteres Problem der gegenwärtigen Marktwirtschaft aufmerksam: die Bürokratie. Darauf werde ich noch eingehen.

In seinem Interview mit dem *Deutschlandfunk* im Mai 2019, damals noch Fraktionschef der Linken im Bundestag, forderte Bartsch einen Sozialstaatsdialog, um den im Grundgesetz fixierten Sozialstaat wieder herzustellen. Er nahm keinen Bezug auf Erhards

Soziale Marktwirtschaft, aber letztlich meinte er diese. Ende 2023, nach dem Austritt von zehn Mitgliedern aus seiner Fraktion nur noch Abgeordneter, schob er nach. »Weitere Sozialkürzungen brechen dem Sozialstaat das Genick«, twitterte er. Die FDP solle endlich die Heilige Kuh Schuldenbremse schlachten, die Steuern bei den Niedriglöhnern senken und beim »Geldadel« erhöhen. »So können wir Deutschland wieder zu einer ehrlichen Solidargemeinschaft machen.«

Forderungen dieser Art treffen bei den Gutbetuchten und ihren Lobbyisten in den Parlamenten auf taube Ohren. Deutschland sei bereits eines der Länder mit den höchsten Steuer- und Abgabelasten und ein gigantischer Sozialstaat. Der stehe für Umverteilung statt Leistung, langfristig sei der Sozialstaat unbezahlbar.

Das ist Demagogie und absichtsvolle Angstmacherei. Als sollte mit der Robin-Hood-Methode den einen der Reichtum genommen und den anderen gegeben werden, ohne dass die solcherart Beschenkten dafür etwas leisten müssten. Diese Haltung offenbart die gänzlich falsche Vorstellung von einer Sozialen Marktwirtschaft. Nämlich: Der Sozialstaat verteile Almosen. Er sei der große Ernährer der Arbeitsunfähigen und der Arbeitsunwilligen, er versorge Schmarotzer, Schnorrer, Emigranten und anderer Parasiten auf Kosten der »Leistungsträger«.

Tatsache jedoch ist: Wo sich Leistung lohnt, wird auch Leistung erbracht. Wo aber etwa durch ungebührliche Steuern den Mittelständlern die Luft zum Atmen genommen wird, stellt sich diesem die Sinnfrage: Warum soll ich mich täglich zwölf und mehr Stunden quälen, wenn ich am Ende weniger verdiene als mein Angestellter, der vergleichsweise sorgenfrei und unbelastet seinem Tagwerk nachgehen kann? Eine zu große Steuerlast demotiviert nicht nur den einzelnen Unternehmer, sie lähmt insbesondere den Mittelstand. Letztlich verhindert diese Steuerpolitik den Wohlstand in der Fläche.

Der notwendige Umbau der Wirtschaft darf nicht kurzsichtig auf eine andere Umverteilung des erwirtschafteten Volksvermögens zielen, sondern primär auf eine grundsätzlich andere Art des Wirtschaftens und der »Gewinnausschüttung«. Von einer gesunden Natur, von lebenswerten, sicheren Städten, von einem soliden Bildungs- und Gesundheitswesen, von einer vielgestaltigen Kultur profitieren alle. In den achtziger Jahren, als der schwedische Wohlfahrtsstaat – das »nordische Modell« – sein höchstes Niveau erreicht hatte, äußerte der sowjetische Schriftsteller Jewgenij Jewtuschenko (»Meinst du, die Russen wollen Krieg?«) und handelte sich damit sehr viel Kritik ein: Die skandinavischen Staaten seien sozialistischer als der Realsozialismus.

Ungeachtet der Definition, was Sozialismus war oder ist, konnte ihm zugestimmt werden. Den Menschen dort ging es mehrheitlich besser und im Staate gerecht zu. Die nordischen Länder gehörten zu den frauen-, familien- und kinderfreundlichsten Staaten der Welt.

Noch im Februar 2013 hob der britische *Economist* am Beispiel Schwedens hervor: »Der Staat ist nicht deshalb beliebt, weil er so groß ist, sondern weil er funktioniert. Ein Schwede zahlt seine Steuern bereitwilliger als ein Kalifornier, weil er im Gegenzug ordentliche Schulen und ein kostenloses Gesundheitswesen erhält.« Die nordischen Länder hätten weitreichende Reformen vorgenommen. Der sichtbare Beweis für den Erfolg läge vor. »In den Wohlfahrtsstaat können Marktmechanismen injiziert werden, um seine Leistung zu verbessern. Sozialleistungsprogramme können auf solide Fundamente gestellt werden, um künftige Generationen von Almosenempfängern zu vermeiden. Dazu braucht es aber die Bereitschaft, Korruption und Kapitalinteressen auszurotten. Und es bedarf der Bereitschaft, überkommene orthodoxe linke und rechte Lehren aufzugeben und das gesamte politische Spektrum nach guten Ideen zu durchforsten. Die Welt wird das nordische Modell noch jahrelang untersuchen.« So der *Economist* 2013.

Nun, die Untersuchungen werden nichts anderes zutage fördern als die Erkenntnis, dass das nordische Modell erheblich litt, als der Neoliberalismus auch in Skandinavien Einzug hielt und die Regierungen ihren wirtschaftspolitischen Kurs änderten, Sozialleistungen kürzten und den öffentlichen Sektor rationalisierten und privatisierten. Auch Skandinavien passte sich dem globalen Zeitgeist an. Und es wurde damals dort die gleichen Diskussionen geführt, mit denen in Deutschland seit Jahrzehnten auf Forderungen nach einem Umbau der Wirtschaftsordnung abwehrend reagiert wird. Der Wohlfahrtsstaat fördere eine von Sozialleistungen abhängige Schicht in der Gesellschaft, die immer größer werde, was man sich finanziell einfach nicht mehr leisten könne, hieß und heißt es. Man wolle dem Müßiggang nicht Vorschub leisten und Ungerechtigkeit fördern.

Der Sozialstaat wird, das lässt sich aus Stellungnahmen aus allen Parlamentsparteien schließen, nicht als Lösung, sondern als Ursache der (nationalen) Krisen gesehen. Das ist der fundamentale Denkfehler, der überwunden werden muss! Ludwig Erhards und die Prinzipien des nordischen Modells könnten dabei helfen.

Das A und O ist auch für mich eine aktive Arbeitsmarktpolitik, die sich auf die Integration aller arbeitsfähigen Frauen und Männer, Senioren und Seniorinnen, Einheimische wie Eingewanderte konzentriert. Und die mit Maßnahmen kombiniert wird, die eine hohe Erwerbsbeteiligung erlauben: Kinderbetreuung, Versorgung der Alten und Kranken, öffentlicher Nahverkehr, Kommunikation …

Eine solche komplexe Arbeitsmarktpolitik sichert ein Höchstmaß an sozialer Sicherheit, Wohlfahrt und gesellschaftlichem Miteinander. Auch die DDR-Erfahrung kommt hier mit ins Spiel: Arbeit diente für die meisten Ostdeutschen nicht nur der

Sicherung des Daseins, sondern auch der sozialen Integration in der Gemeinschaft. Der Mensch ist, bei aller Individualität, nun mal ein Gemeinschaftswesen.

In Deutschland gilt das tradierte Familienmodell, das bis zur Besteuerung (Ehegattensplitting) konsequent durchgesetzt wird. In Skandinavien wird stattdessen (und noch immer) die Doppelverdiener-Familie gefördert. Die lohnbasierte Steuerpolitik, die sich am individuellen Einkommen bemisst, trägt zudem zur Gleichstellung der Geschlechter bei und motiviert zur Erwerbstätigkeit. Selbst die familienpolitischen Programme – großzügig bezahlte Elternzeit für Mütter oder Väter – machen sich am Ende für die Gesellschaft bezahlt. Und nicht nur dadurch, dass dem demografischen Wandel – der freundlichen Umschreibung für Überalterung der Gesellschaft – entgegengewirkt wird.

Trotz zwischenzeitlicher Krisen – namentlich des Neoliberalismus, der Globalisierung und der Kriegsgefahr – haben es die Staaten Skandinaviens bisher geschafft, hohe Steuern, eine niedrige soziale und wirtschaftliche Ungleichheit sowie umfassende Wohlfahrtssysteme mit einem soliden Wirtschaftswachstum zu verbinden. Ausschlaggebend für diesen offensichtlichen Erfolg war die Fähigkeit, den Staat zu reformieren, ihn an die demographischen und wirtschaftlichen Herausforderungen anzupassen und dabei die Wirtschaftsdynamik zu bewahren. Ein umfassendes Engagement für das Gemeinwohl ging nachweislich einher mit einer guten wirtschaftlichen und stabilen politischen Entwicklung.

Ich bin weit davon entfernt, den nordischen Wohlfahrtskapitalismus zu idealisieren. Skandinavien ist keine Insel, um die alle Krisen und Kriege einen Bogen schlagen, auf der es keine sozialen und innenpolitischen Konflikte gibt, wo man weder Nationalismus noch Rechtsextremismus, weder Rassismus noch Antisemitismus kennt wie in allen anderen europäischen Staaten. Nein, das alles gibt es dort auch. Aber eben nicht so ausgeprägt wie hierzulande und darum beherrschbar. Ein Grund ist auch, dass diese Staaten überdurchschnittlich viel Geld in Bildung investieren und stets dementsprechend gut bei den PISA-Studien abschneiden. Bildung avancierte zu einer entscheidenden volkswirtschaftlichen Ressource.

Ehe sich diese wichtige Erkenntnis hierzulande durchsetzt, werden vermutlich noch einige Regierungen in Berlin verzweifeln.

Merke:
Wohlstand für alle ist machbar, wenn bestimmte heilige Kühe geschlachtet werden.

*Wenn ich Schilder sehe mit Aufschriften
wie »Lewwer duad üs Slaav« (»Lieber tot als Sklave«),
frage ich mich: Wessen Sklave seid ihr denn?
Ihr habt untereinander einen Krieg am Gehen,
die Großen fressen die Kleinen, und ihr wollt,
dass die doofe Regierung, die tatsächlich einen Fehler
nach dem anderen macht, schuld ist, statt dass ihr
euch mal kritisch mit eurer eigenen Situation
auseinandersetzt.*

Friedrich Küppersbusch
über die Bauernproteste
auf *radio eins* des *RBB*, 8. Januar 2024

Innenpolitik

Alle politischen Aktivitäten und staatlichen Maßnahmen, die sich auf die Regelung innerstaatlicher Angelegenheiten beziehen, nennt man Innenpolitik. Das sind einerseits die klassischen Aufgaben (Ordnung schaffen und Sicherheit gewährleisten) und andererseits eine Vielzahl sogenannter leistungsstaatlicher Aufgaben (Auf- und Ausbau des Sozialstaates, der Wirtschaft, der Infrastruktur, Umweltschutz).

Im 19. und zum Teil noch im 20. Jahrhundert wurden diese Aufgaben im Rahmen des Nationalstaates erledigt. Im 21. geht das vielleicht noch in Nordkorea oder in anderen gänzlich isolierten und von der Außenwelt abgeschotteten Ländern. Doch für die Mehrheit der fast zweihundert weltweit existierenden und in der UNO vertretenen Staaten gilt das nicht mehr. Auch wenn aus verschiedenen Gründen das im 20. Jahrhundert durch unzählige bi- und multilaterale diplomatische Verhandlungen geknüpfte Netz wechselseitiger Verbindungen inzwischen zerstört und durch Argwohn und Misstrauen ersetzt wurde, existieren Bündnisse und Staatenvereinigungen, deren Prinzipien über denen einzelner Nationen stehen. Früher hieß es im

Nationalstaat: Reichsrecht bricht Landesrecht. Jetzt gilt, zumindest für die Europäische Union, das Gleiche analog: Bündnisvorschriften sind höherrangig.

Im Rahmen des westeuropäischen Integrationsprozesses werden nationale Kompetenzen gleichsam ab- und damit aufgegeben. Allerdings geht es auch in der EU zu wie in der transatlantischen Militärallianz. Trotz geltendem Einstimmigkeitsprinzip hat die Führungsmacht das Sagen. Wer die Kapelle zu großen Teilen finanziert, bestimmt das Programm, das gespielt wird. »He who pays the piper calls the tune«, sagen die Amerikaner, wer zahlt, gibt den Ton an.

Beim Militär ist die Hierarchie immer klar, die Rangfolge eindeutig und diskussionslos geregelt. 2022 betrugen die Ausgaben des Nordatlantikpaktes rund 1175 Billionen Dollar – davon entfiel weniger als ein Viertel auf die aktuell 29 Mitgliedsstaaten, auf den dreißigsten, die USA, kamen rund 822 Milliarden Dollar. Im Kriegs- und Krisenjahr 2023 kostete die angemaßte Weltgendarmenrolle die USA vermutlich noch mehr. Das ging bereits ans Eingemachte, weshalb sich die Indizien mehren, dass Washington auf dem Kriegspfad ein wenig kürzer treten möchte, weil es muss. Die innenpolitischen Probleme häufen sich auch in Gods own country. Das Geld wird knapp, auch wenn die Notenpressen unablässig laufen.

Bei der Führung der EU sind die Dinge nicht so übersichtlich wie in der NATO. Zu Zeiten von Angela Merkel, die mit größeren diplomatischen

Gaben gesegnet war als ihr Nachfolger und folglich auch eine höhere Autorität unter ihresgleichen besaß, war die EU in gewisser Weise ein »deutsches Europa«. Bundeskanzlerin Merkel ging 2021, und Emmanuel Macron, Frankreichs Präsident und Urururenkel de Gaulles, hoffte sie zu beerben. Charles de Gaulle hatte seinerzeit mit Bundeskanzler Konrad Adenauer Europa als Europäische Wirtschaftsgemeinschaft (EWG) auf den Weg gebracht, nachdem die EVG, die Europäische Verteidigungsgemeinschaft, 1954 gescheitert war.

Dass diese EVG nicht zustande kam, hatte mehrere bekannte Gründe, einer wird wohl auch gewesen sein, dass die USA nicht mit im Boot sitzen sollten. Überdies war in den Plänen vorgesehen, den Besatzungsstatus für Deutschland zu beenden, will heißen: Abzug der Amerikaner, Briten, Franzosen und der Russen. Diese Idee korrespondierte im übrigen mit der Stalin-Note von 1952.

Die Bundesrepublik trat stattdessen der in Washington gegründeten NATO bei. Die französischen Einwände wurden mit einer Erklärung der Bundesrepublik ausgeräumt, keine atomaren, biologischen und chemischen Waffen herstellen zu wollen. Adenauer bezeichnete 1965 in einem Gespräch mit Günter Gaus das Scheitern der EVG als den größten Rückschlag für die gesamte deutsche Politik in den Jahren seiner Kanzlerschaft. Er wird damit wohl kaum die dauerhafte Stationierung von US-Streitkräften in Europa, insbesondere in der Bundesrepublik, gemeint haben. Möglicherweise bedauerte er die Einhegung der restaurierten deutschen Großmachtphantasien …

Macron hoffte 2022/23 augenscheinlich auf ein »französisches Europa«, er wollte eine von ihm geführte EU im globalen Wettbewerb zwischen den USA und China geopolitisch als dritte Großmacht etablieren. Doch das misslang. Globale Häme begleitete ihn. »Der Möchtegern-Anführer« (*n-tv,* 22. Februar 2022) habe es nicht vermocht, »tragfähige politische Allianzen quer durch die EU« zu schmieden *(Wiener Zeitung).*

Eventuell lag es auch daran, dass er die NATO als »hirntot« bezeichnet hatte, was deren Haupt nicht amüsierte. »Macron, der offenbar gerne de Gaulle Nummer Zwei geworden wäre, ist gescheitert. Er hat sowohl den eigenen als auch den Einfluss seines Landes überschätzt«, spottete man in Singapur (*Lianhe Zaobao*, 13. April 2023) Das eigentliche Problem benannte allerdings ein tschechisches Blatt: »Frankreich mag zwar der einzige EU-Staat sein, der über eine Atombombe verfügt, aber Frankreich ist weit davon entfernt, die für die Führung der Union erforderliche Finanzkraft zu haben. Macron will die EU führen. Ist er dazu fähig? Nein.« (*Lidové Noviny,* 12. April 2023)

Führung, auch in der EU, ist also nicht mit dem Besitz von Nuklearwaffen zu haben – es bedarf in erster Linie finanzieller, also wirtschaftlicher Potenz. Und da hatte, zumindest vor Jahresfrist, selbst ein führungsschwacher Scholz an der Spree noch immer bessere Karten als der Sonnenkönig an der Seine.

Großbritannien, einst die dritte große Sieger- und Besatzungsmacht des Zweiten Weltkrieges, hatte vor Jahren schon die EU verlassen und spielt seit dem Ende des Empires weltpolitisch keine Rolle mehr. Nicht erst nach dem Brexit wurden sich die Briten bewusst, dass ein großer Teil ihres Wohlstandes aus rigoroser Ausbeutung britischer Kolonien und aus dem Sklavenhandel stammte. Großbritannien versuche zwar immer wieder, »seine frühere Bedeutung wiederzuerlangen, ob durch Verwandtschaft zur heutigen Weltmacht USA (›special relations‹)« oder mit Militär. Dabei blieb das Vereinigte Königreich aber erfolglos, urteilte mein früherer Oberbürgermeisterkollege Klaus von Dohnanyi in seinem Buch »Nationale Interessen«. London versuche es durch »militärischen Enthusiasmus« oder mit militärischen Abenteuern etwa im Schwarzen Meer, bei dem es Konflikte mit Russland riskierte. Oder indem es sich in ein U-Boot-Geschäft zwischen den USA und Australien drängte, was den französischen Außenminister zu der gewiss nicht falschen Bemerkung veranlasste, »Großbritannien sei nur noch ein ›Vasall‹ der USA«.

Außenpolitik und Innenpolitik stehen natürlich in einem engen Verhältnis. Wenn die Innenpolitik Defizite aufweist, kann auch die Außenpolitik nicht erfolgreich sein. So will es die Logik. Die DDR, um mal einen für manches Ohr gewiss bösen

Satz einzuflechten, hat eine durchaus erfolgreiche Außenpolitik betrieben, an die man sich in vielen afrikanischen, asiatischen und amerikanischen Staaten noch heute dankbar erinnert.

Aber ich rede hier über die bundesdeutsche Innenpolitik, die aktuell im Argen liegt.

Dieser Auffassung ist jedenfalls die überwiegende Mehrheit der deutschen Staatsbürger. Und es ist zum Volkssport geworden, die Bundesregierung für alles verantwortlich zu machen, was in diesem Lande schiefläuft. Das kenne ich aus der DDR: Da war Honecker auch an allem schuld. Der Unmut der Deutschen kennt nur ein Gefäß, in das ihre Galle fließt. Da spielt es keine Rolle, welche Fahnen auf den Zinnen wehen und welche gerahmten Köpfe in den Dienststellen hängen. Und ich wiederhole meine Position: Ja, die gewählten Häupter sind zuständig, aber nur in geringem Maße verantwortlich. Ihre Entscheidungen bewegen sich in dem ihnen erlaubten Rahmen, individuelle Fehler eingeschlossen. Weil es aber keine Regresspflicht gibt für im Amt angerichtete Schäden – man kann die größten Sünden nachlesen im jährlich edierten Schwarzbuch des Bundes der Steuerzahler –, geht mancher recht locker mit dem Geld um, das ihm nicht gehört. Das nährt den Zorn auf die Verursacher und den Zweifel an der Gerechtigkeit und Funktionalität der Demokratie, die solches erlaubt.

Allein das Prestigeobjekt der CSU, das Bundesverkehrsminister Andreas Scheuer vehement durchgesetzt und 2019 der Europäische Gerichtshof als rechtswidrig gestoppt hatte, kostete den deutschen Steuerzahler rund 300 Millionen Euro.

Im Vergleich damit sind die Auf- und Zuwendungen etwa für die im Zuge des Skandals im öffentlich-rechtlichen *Rundfunk Berlin-Brandenburg* (RBB) entlassenen Personen eher »Peanuts«. Bekanntlich war die Intendantin – die aus Hamburg nach Potsdam versetzte Patricia Schlesinger – wegen Vetternwirtschaft und Verschwendung gefeuert worden, weitere Führungskader mussten ebenfalls ihren Hut nehmen. Einige klagten, so etwa der frühere Produktions- und Betriebsdirektor Christoph Augenstein. Er bekam Anfang 2024 Recht und fortan jeden Monat 8900 € »Ruhegeld« – bis 2030, bis zum Eintritt ins Rentenalter. Das macht etwa rund eine Dreiviertelmillion. Finanziert vermutlich aus Fernsehgebühren. Fürs Nichtstun. Das versteht kein Mensch, der mit zwei, drei Jobs gerade mal so über die Runden kommt.

Die Schadensersatzforderungen, die A. ebenfalls erhoben hatte, waren vom Arbeitsgericht abgewiesen worden. Immerhin.

Am 12. April 2018 hatte der *Tagesspiegel* gejubelt: »Nach der Reform des Prime-Time-Programms des RBB-Fernsehens steht beim *Rundfunk Berlin-Brandenburg* nun der weitere Umbau des Bereichs Produktion und Technik an. Am Donnerstag folgte der Rundfunkrat des öffentlich-rechtlichen Senders einem Vorschlag von Intendantin Patricia

Schlesinger und wählte Christoph Augenstein mit 16 von 18 Stimmen zum neuen Direktor für Produktion und Technik. Augenstein kommt vom *Westdeutschen Rundfunk,* wo er zuletzt stellvertretender Direktor für ebendiesen Bereich war. Mit dem 54-Jährigen holt sich Schlesinger, die selbst vom *NDR* kommt, erneut einen auswärtigen Fachmann an ihre Seite. Jan Schulte-Kellinghaus, der seit März 2017 der Programmdirektion des *RBB* vorsteht, war zuvor beim *NDR* für den Programmbereich Fernsehen zuständig.«

So läuft das hierzulande. Noch immer. Leitungsaufgaben im Osten werden von Wessis besetzt und üppig vergütet. Nur manchmal fliegt es auf, wenn einer oder eine den Hals nicht vollkriegt und darum den Fiskus betrügt. Im Osten wie im Westen. Bei Geld hört die Freundschaft auf, da setzt sich Vater Staat zur Wehr. Ende 2023 verurteilte das Münchner Landgericht Andrea Tandler, die in der Coronapandemie mit einer eigens dafür gegründeten Firma Geschäfte mit Masken und Schutzkleidung im Umfang von 440 Millionen Euro getätigt und dafür 48,3 Millionen Euro als Provision kassiert hatte. Wegen Steuerhinterziehung wurde sie zu vier Jahren und fünf Monaten verurteilt.

Die Sache erhielt dadurch eine pikante Note: Die Steuerhinterzieherin ist die Tochter des einstigen CSU-Generalsekretärs und dreimaligen bayerischen Ex-Staatsminister – des Innern, für Wirtschaft und für Finanzen. Nun haften gemeinhin nicht die Väter für ihre missratenen Kinder, aber Tandler musste als Finanzmister und Landtagsabgeordneter zurücktreten, weil die Justiz wegen der sogenannten Zwick-Affäre, einer windigen Steuersache, gegen ihn seinerzeit ermittelte. Es wäre ungehörig zu behaupten, der Apfel falle nicht weit vom Stamm. Aber natürlich riecht das alles ein wenig.

»Die Vorsitzende Richterin Andrea Wagner verwies insbesondere auf die engen Kontakte Tandlers zur Familie von CSU-Legende Franz Josef Strauß. ›Die Maskengeschäfte kamen über die privaten Kontakte der Angeklagten Tandler zu ihrer Kindheitsfreundin Monika Hohlmeier zustande‹, sagte sie.«

Das schrieb der *Stern* am 15. Dezember 2023.

Die CSU-Europaabgeordnete Monika Hohlmeier ist die Tochter von Strauß. Sie vermittelte die Kontakte, hieß es ferner.

Unter der Decke kann man schwer alles halten, die Gesellschaft ist inzwischen sehr transparent, insbesondere wenn es sich um mehr oder minder Prominente handelt. Je höhere die Fallhöhe, desto lauter der Aufschlag in den Klatschblättern.

Es ist zu vermuten, dass die publik gewordenen Fälle allenfalls die Spitze des Eisbergs darstellen. Und selbst wenn dies eine nicht beweisbare Vermutung bleibt, so sorgen auch die wenigen Fälle für schlechte Stimmung im Lande. Denn dass sie überhaupt möglich sind, spricht nicht für, sondern gegen das System. Gegen den Rechtsstaat, gegen die Demokratie. Es ist Wasser auf die Mühlen jener, die eine ganz andere Republik wollen oder stattdessen das Deutsche Reich von 1871. Oder eine rassistische Diktatur, die Menschen ausgrenzt und verfolgt, nur weil sie anders aussehen, anderes denken und beten.

Wir brauchen keine Öko- und keine Meinungsdiktatur, kein Geschwurbel und keine verlogene Regierungspropaganda. Wir brauchen Vernunft im politischen Handeln, Augenmaß und vor allem Gesetzestreue. Denn die innenpolitischen Rahmenbedingungen sind vorhanden. Sie müssen nur konsequent durchgesetzt werden. Nur dort, wo Gesetze unsinnig und überflüssig sind, wo der Amtsschimmel über den Ackergaul triumphiert, sollten wir nach dem Rossschlächter rufen.

Womit wir schon bei der Landwirtschaft wären. Die Agrarpolitik ist Teil der Innenpolitik und, wie wir zu Beginn des Jahres 2024 bei den Bauernprotesten erleben konnten, ein wichtiger. Und sei es nur dadurch, dass mit einigen tausend Traktoren der Verkehr an zentralen Orten lahmgelegt wurde. Hier hatten sich in Jahrzehnten Probleme angehäuft, die sich nun an der Entscheidung der Bundesregierung entluden, Subventionen für Agrardiesel und Zulassungssteuern für landwirtschaftliche Fahrzeuge einzusparen. Diese kursichtige Maßnahme war nur eine von vielen, um das milliardengroße Haushaltsloch zu schließen. Das hatte sich – zumindest vordergründig – durch das Urteil des Bundesverfassungsgerichts aufgetan, welches eine Umwidmung von Krediten über 60 Milliarden Euro im Haushalt 2021 für nichtig erklärt hatte. Dadurch wurde die Bundesregierung gezwungen, diesen Betrag durch aktuelle Einsparungen zu kompensieren. 920 Millionen sollten die Streichungen bei Agrardiesel und Kfz.-Steuern bringen.

Die angekündigten Maßnahmen ließen das Fass überlaufen, und schon die ersten Proteste der Bauern führten zu einer teilweisen Rücknahme der Regierungsentscheidungen (was einmal mehr die Konzeptionslosigkeit wie das inkonsequente Handeln der Bundesregierung offenbarte). Doch diese Dämlichkeit ließ nun das ganze Fass auslaufen. Wut, Hilflosigkeit und schiere Ohnmacht entluden sich in für hiesige Verhältnisse ungewohnten und mitunter überzogenen Aktionen. Das wiederum führte zu einer propagandistischen Verunglimpfung der Landwirte und zu ihrer öffentlichen Denunziation. Dabei wurden die üblichen Ingredienzien verwandt: erstens Schüren von Sozialneid (die Bauern sind überbezahlt, die verdienen genug, die sollen mal schön die Klappe halten), zweitens Radikalität (Galgen im Vorgarten, Gewaltandrohung, Eingriff in den Straßenverkehr etc.), drittens Rechtsextremismus (unterwandert von AfD, NPD, Reichsbürgern, Verschwörungsideologen, Reichsflaggen, NS-Landvolkfahnen, rassistische Parolen …)

Das alles erzielt Wirkung in der Öffentlichkeit, denn die kennt nicht die tiefer liegenden Ursachen für die verzweifelten Reaktionen eines Berufsstandes, bei dem die Suizidrate überdurchschnittlich hoch ist.

Gegenwärtig gibt es noch etwa eine Viertelmillion Landwirtschaftsbetriebe in Deutschland, vor zehn Jahren waren es noch um die 300 000. Der Schwund findet vornehmlich bei Höfen unter hundert Hektar statt, hingegen nimmt die Zahl der Betriebe, die mehr als hundert Hektar unterm Pflug haben, stetig zu: Die Konzentration schreitet voran – inzwischen bewirtschaften etwa fünfzehn Prozent aller Agrarbetriebe weit über sechzig Prozent der landwirtschaftlichen Nutzfläche in Deutschland. Die aus den Landwirtschaftlichen Produktionsgenossenschaften der DDR hervorgegangenen Agrargenossenschaften behaupten sich erfolgreich in diesem Konkurrenzkampf und belegen nachträglich, dass die Landwirtschaftspolitik der DDR prinzipiell richtig, weil perspektivisch war. Das aber nur nebenbei.

Die größten Betriebe befinden sich – anders als in der Industrie – folglich im Osten des Landes. Die Durchschnittsgröße beträgt in Mecklenburg-Vorpommern 275 und in Sachsen-Anhalt 269 Hektar. In Baden-Württemberg und Bayern liegt die landwirtschaftlich genutzte Fläche bei gerade einmal 37 Hektar je Bauernhof, in Schleswig-Holstein bei 81 und in Niedersachsen bei 74 Hektar. Deshalb gingen die Bestrebungen nach der »Wende« dahin, die Nachfolgebetriebe der LPGen zu zerschlagen, indem man beispielsweise die sogenannten Wiedereinrichter besonders protegierte. Doch das Modell der Genossenschaften mit dem qualifizierten Personal behauptete sich.

Hingegen befinden sich die Bauernbetriebe mit den größten Tierbeständen im Westen, weshalb die Veränderungen bei den Ernährungsgewohnheiten (weniger Fleisch) und wegen der Konkurrenz in der EU sich dort stärker negativ auswirken und einen grundsätzlichen Strukturwandel notwendig machten. Und der dauert Jahre und Jahrzehnte.

Man kann pauschal sagen: Vornehmlich den Landwirten im Westen steht das Wasser im Wortsinne bis zum Halse, weil natürlich kleinere Betriebe geringere Subventionen beziehen, aber alle Betriebe den gleichen Vorschriften und Zwängen unterworfen sind. Größere Unternehmen sind jedoch eher in der Lage, diese wegzustecken. Das sieht man auch deutlich daran, wer bei den Protesten auf der Straße ist.

Und dann offenbaren die Unmutsbekundungen noch ein weiteres Problem, das urkapitalistisch ist. Die meisten Betriebe und Höfe besitzen nicht ausreichend Land. Nutzfläche wird hinzugepachtet, muss hinzugepachtet werden, um überhaupt ökonomisch wirtschaften zu können. Im deutschlandweiten Durchschnitt sind sechzig Prozent der landwirtschaftlichen Nutzfläche *gepachtet* (in Thüringen, dem Spitzenreiter, sind es sogar 76 Prozent der von den Landwirten genutzten Agrarfläche). Die Eigentümer des Bodens sind meist keine Landwirte.

Interessanterweise gibt es keine Übersicht von der Verteilung des Eigentums an Grund und Boden in Deutschland. Folglich auch keine über das landwirtschaftlich genutzte Bodeneigentum. Erste stichprobenartige Untersuchungen des Thünen-Instituts für Ländliche Räume in Braunschweig ergaben, dass die größte Eigentümergruppe aus »nichtlandwirtschaftlichen natürlichen Personen« besteht, hinzu kommen Gebiets- und sonstige Körperschaften – Bund, Land, Kommunen, Kirchen usw.; mehrheitlich Institutionen und Personen also, die aus ihren verpachteten Immobilien Gewinne erzielen wollen. Die interessieren in der Regel weder Bodenwert noch Fruchtfolge, weder ökologische Bewirtschaftung noch Erträge, weder Naturschutz noch Artenvielfalt. Die wollen einfach nur verdienen an dem, was sie einst ererbt oder rückübertragen bekommen haben. Besonders im Osten ist was zu holen. Denn dort zahlen – abweichend von der zivilrechtlichen Regelung im Bürgerlichen Gesetzbuch (BGB) – laut den seit 1991 geschlossenen Landpachtverträgen nicht die Eigentümer die Grundsteuer, sondern die Pächter.

Die Vielzahl der Probleme hat sich zu einem Knoten geschürzt. Zu den alten sind mit der Globalisierung und dem Klimawandel neue hinzugekommen. Nicht zu vergessen die Unwissenheit und die Unfähigkeit der Agrarpolitiker. Die denken in Legislaturperioden, Landwirte in Generationen.

Am 15. Januar quälen sich Tausende Traktoren durch die Berliner Innenstadt. Morgens gegen drei gehen Hupen und Sirenen, als stünde »der Russe« vor der Tür. Gegen Mittag findet zum Abschluss der Protestwoche eine Kundgebung statt, an der über achttausend Bauern teilnehmen. Sie brüllen den

Hauptredner nieder. Lindner brüllt zurück. Immerhin: Er traut sich. »Hau ab! Hau ab!« Andere Minister müssen nicht abhauen. Sie sind erst gar nicht gekommen. Der Finanzminister von der FDP, der die Streichungen veranlasst hat, ist ein Politfuchs. Er umschmeichelt das Publikum. »Ich habe Verständnis für Protest. Ihr Protest ist legitim und er ist friedlich. Die Klimakleber haben das Brandenburger Tor beschmiert, die Bauern haben das Brandenburger Tor geehrt.«

Wie das?

So etwas beherrschten schon die römischen Herrscher. Divide et impera, teile und herrsche. Man muss nur die einen gegen die anderen ausspielen. Auch, wenn er auf Migranten und Empfänger staatlicher Leistungen verweist, bei denen man kürzen müsse. Seine Spitzen auf Klimaaktivisten, Asylbewerber, Umweltschutz und Arbeitslose bringen ihm erkennbar keine Sympathien. Lindner teilt, aber er herrscht nicht. Er bringt auf, aber es bringt ihm nichts ein.

In der Sache jedoch, etwa wie es mit der Subventionierung des Agrardiesels weitergeht, sagt er nichts. Nur: »Wenn der Agrardiesel ausläuft, dann müssen Zug um Zug die Belastungen für die Betriebe auslaufen.«

Kräht der Hahn früh auf dem Mist, ändert sich's Wetter oder es bleibt, wie es ist.

Eine Möglichkeit sei Bürokratieabbau. Er sei bereit über alles zu sprechen, was die Produktivität der Betriebe stärke. So könnten Einkommensschwankungen von Betrieben bei der Einkommensteuer besser berücksichtigt werden. »Lügner« und »Heuchler« kommt es im Sprechchor aus den Reihen der Landwirte.

Lindner spricht von »der Politik«. Als gehöre er nicht zur Bundesregierung, als mache nicht er »Politik«, sondern die anderen.

»Mein Angebot an Sie: Denken wir jetzt zusammen groß«, sagt Lindner zu den Bauern. Jetzt könne man über die Gesamtsituation der Landwirtschaft sprechen. Jetzt sei etwa Gelegenheit, über Bevormundung von Betrieben und »überzogene Umweltstandards« zu sprechen. Dabei hätten die Landwirte Lindner an ihrer Seite. Er könne den Bauern nicht mehr staatliche Hilfe geben, aber man solle den Bauern jetzt mehr Vertrauen in ihre Arbeit schenken.

Dann tritt Lindner ab. Die Bauern buhen.

Merke:
Schuld sind immer die anderen. Und Verständnis ist wohlfeil, bringt aber nichts.

*Mit dem Begriff »Unrechtsstaat«
machte sich quasi jeder DDR-Bürger,
der nicht für sich in Anspruch nehmen konnte,
gegen dieses Unrecht aufbegehrt zu haben,
politisch verfolgt gewesen zu sein oder gar den Ritter-
schlag einer Republikflucht geltend machen zu können,
der Duldung eines imaginären Unrechts mitschuldig.*

Reinhardt Bartz,
ehemaliger NVA-Offizier,
in: *Berliner Zeitung,* 3. Januar 2024

Selbstbewusstsein: ostdeutsch

Seit Jahren geistert die These durch den medialen Raum, der Osten und alles, was damit zusammenhänge, sei eine Erfindung des Westens. Ein Leipziger Literaturwissenschaftler titelte mit dieser These sogar sein Buch. Dank der westdeutschen Echokammer landete es ganz oben in den Bestsellerlisten, und die Ossis pilgerten in seine Lesungen wie in einen Gottesdienst. Endlich sagte mal einer den Westdeutschen, die hochnäsig und besserwisserisch über den Osten urteilten, wie hochnäsig und besserwisserisch sie seien – sagten vornehmlich die Ostdeutschen und fühlten sich dadurch in ihrem Selbstbewusstsein, in ihrer Ost-Identität, bestärkt.

Gaben ihnen die Verrisse in den Westblättern nicht sogar Recht? Die *Süddeutsche Zeitung* spottete mit Sprachakrobatik: »Los Wochos in Lostdeutschland«. Die *Frankfurter Allgemeine* widersprach vornehm, Klischees und Vorurteile hätten sich längst verringert, und dem *Deutschlandfunk* war's zu polemisch, wenn davon gesprochen werde, der Osten sei »von und in der Demokratie« entmündigt worden.

Der Autor jener Schmäh- oder Streitschrift kommt aus dem Osten, ist aber insofern aus der Leidens-

gemeinde, für die er meint zu sprechen, heraus-
gehoben. Er ist westdeutsch privilegiert und gehört
zu den wenigen Ossis, denen eine ordentliche Professur an einer ostdeutschen Universität zugestanden
wurde (womit er wahrlich eine Ausnahme darstellt).
Oschmann verfügt sowohl über die Ost- wie die
Westperspektive und weiß darum, welche Knöpfe
er drücken muss, damit im Westen aufgeschrien und
im Osten applaudiert wird.

Das ist ihm so wenig vorzuhalten wie man durchaus auch Empathie für ihn empfinden darf, weil die
arroganten Zuschreibungen ein Ärgernis sind. (Und
dabei kannte er beim Verfassen seines Buches noch
nicht einmal das üble Verdikt des Springer-Chefs
von den Ostdeutschen, die entweder Faschisten
oder Kommunisten seien.) Der Professor aus Leipzig räsoniert über die Selbstgerechtigkeit und eitle
Bevormundung durch die Westdeutschen, darüber,
dass sie über einen Teil Deutschlands schwadronier-
ten, der ihnen so fremd ist wie die Rückseite des
Mondes. Aber damit bestätigte er letztlich das Miss-
verständnis der Westdeutschen, vierzig Jahre DDR,
die man konsequenterweise heute schon gern mal
wieder »Zone« nennt, seien ein Irrweg gewesen.
Die Übernahme 1990 habe diesen beendet, 108 000
Quadratkilometer seien wieder ins Mutterland
zurückgeholt worden. »Wir haben euch gerettet und
das alles bezahlt. Seid dankbar!«

Ich lehne solche Auseinandersetzungen im bürger-
lich-akademischen Raum keineswegs ab, finde

aber Bemerkungen und Nebenbeisätze im westdeutschen Feuilleton, die den Unterschied in der Wahrnehmung sichtbar machen, interessanter und erhellender. Ich ziehe das Florett dem Säbel vor – wohl wissend, dass die Wirkung ungleich geringer ausfällt. So las ich in einer Spalte der *Frankfurter Allgemeinen Sonntagszeitung,* in der sich der Autor – Abitur an der EOS »Heinrich Hertz« in der DDR – über Fußball und Fußballer äußert, darunter über Toni Kroos, den Weltstar von Real Madrid. Ich las mit Vergnügen Sätze wie diese: »Das große Rätsel seiner Karriere ist, dass ihn Bayern München nach dem Gewinn der Weltmeisterschaft 2014 hat ziehen lassen. Sie haben ihn dort unterschätzt! Meine These ist: weil er aus dem tiefen Osten kommt, aus Greifswald, was in Spanien keinen interessiert. Und Kroos hat seine Herkunft, anders als Ballack oder Sammer, nie mit Gockelhaftigkeit überspielt.« (Womit auch gesagt ist, dass es sone und solche Ostdeutsche gibt.) Der *FAS*-Autor aus dem Osten: »Kroos ist am 4. Januar 1990 geboren, für mich ist er der letzte DDR-Spieler, ich bin stolz auf ihn.«

Ich glaube nicht, dass das ironisch gemeint war. Und selbst wenn. Es ist eine souveräne Ansage. Haltung und Herkunft werden auch sichtbar, indem man nicht darüber spricht, sie aber zeigt.

Ein Ostberliner kaufte sich einen Berliner Verlag. Warum? Weil er es konnte. Er hatte den Schotter und die Chuzpe, es der westdeutschen Konkurrenz zeigen zu wollen. Und das tut er mit wachsendem

Erfolg. Er kann es sich leisten. Den kann man darum weder mit Stasi-Akten oder wegen vermeintlicher Nähe zu Russland oder China einfach rauskicken oder schlachten.

Ein ostdeutscher Akademiker, angewiesen auf Zuwendungen und Fördermittel, schaffte es in München tatsächlich zu einer Professur. Wurde Teil des Systems und profitierte lange davon. Dann aber biss er in die Hand, die ihn fütterte. Nicht, weil diese ihm die Zuneigung entzog, da er sich plötzlich zu seiner Vergangenheit bekannte (Studium an der Karl-Marx-Universität, Mitglied der SED etc.) – das alles hatte man ihm schon verziehen. Sondern weil er die Gegenwart kritisierte. Weil er die Freiheit der Wissenschaft zunehmend eingeschränkt sah und deren Unterwerfung grundsätzlich kritisierte. »Heute wird nicht mehr das untersucht, was ein Professor, seine Schüler und seine Studenten für wichtig halten. Die Neugier der Forscher ist korrumpiert worden von einem System, das mit Geld und Ruhm lockt, Abweichler brandmarkt und dem Nachwuchs von klein auf eintrichtert, dass sich Anpassung und Nachbeten besser bezahlt machen als jeder Trip ins Ungewisse«, schrieb er. Und an anderer Stelle formuliert der Professur für Kommunikation ein wenig pathetisch: »Hier spricht ein Ostdeutscher, der gegen jede Wahrscheinlichkeit an der Universität aufsteigen konnte, bis er anfing, die Narrative der Macht öffentlich in Frage zu stellen und seine akademische

Reputation für die Ideen und Werte des 89er Herbstes einzusetzen.«

Damit war er aus dem Rennen.

Seine Erfahrungen publizierte Michael Meyen in seinem Buch *Wie ich meine Universität verlor*. Darin folgte er seinem Kollegen Birk Meinhardt, der seine Erfahrung als Edelfeder der *Süddeutschen Zeitung* 2020 in seinem Buch *Wie ich meine Zeitung verlor* verarbeitet hatte.

In beiden Büchern, auch bei Oschmann, wird deutlich: eine Herkunft aus dem Osten ist noch immer ein Makel, selbst bei den Nachgeborenen. Ein heutiger Chefredakteur, der mit Meyen in Leipzig studiert hatte, erzählte diesem »in einem biografischen Interview von seinem ersten Besuch bei einer Zeitung in Baden-Württemberg, kurz vor dem Geldumtausch im Sommer 1990. Noch dreißig Jahre später war er genervt von der Einfalt der Journalisten im tiefsten Westen.« Aber sein Ehrgeiz war seinerzeit geweckt worden: Er wollte »besser sein als der beste Wessi«.

Die Frage stellt sich natürlich: in welcher Hinsicht?

Meyen machte also ins Nest. Mit Thesen, mit Zweifeln, mit Fragen. Was doch aber Auftrag der Wissenschaft sein sollte. Forschung beginnt mit der Infragestellung des Existierenden. Die Alternative ist Stillstand: Alles ist gut.

Meyen fragte und stellte vieles infrage. Dafür erhielt er auch Beifall von Leuten, die *alles* infrage stellten. Schwurbler und Verschwörungsideologen, rechtslastige Impfgegner und Demokratieverdrossene. »Es ist unmöglich, die Fackel der Wahrheit durch ein Gedränge zu tragen, ohne jemandem den Bart zu versengen«, wusste schon Georg Christoph Lichtenberg. Das kann man so oder so verstehen. In der Redaktion der *Süddeutschen Zeitung* sah man es so und erklärte Meyen zum »umstrittensten Professor« seiner Universität, der *Spiegel* machte ihn zu »Prof. Dr. Kokolores«. Meyen war zum Fehler im System geworden und wurde als solcher attackiert. Sofort war da die Herkunft von Belang. »Als es drei Jahre nach der Berufung um meine Entfristung ging, wollte das Ministerium vom Dekan wissen, ob ich an der Uni schon eine kommunistische Zelle gegründet habe.«

Die Zahl der Plätze am reichlich gefüllten Forschungstopf DDR war und ist begrenzt, auch wenn der Topf größer ist als viele andere Töpfe. Schließlich soll nicht herausgefunden werden, was die DDR anders und besser gemacht habe als man selbst, sondern wo man ihr – angeblich oder tatsächlich – überlegen war. Es geht, kurzum, um den Nachweis, dass jenes untergegangene Land ein Drecksstaat gewesen sei, weshalb es ein Segen für alle Beteiligten und Betroffenen gewesen ist, sie den Klauen der Kommunisten entrissen zu haben.

Und die »Befreier« rühmen sich dessen auf ostdeutsche Kosten, auf den materiellen wie ideellen. Die Wiederherstellung (west-)deutscher Verhältnisse im Osten ist Anlass zu übermäßigem Selbstlob und rechtfertigt jede Hochnäsigkeit.

Und dort, wo nachweislich etwas in die Hose ging, findet man nicht etwa Worte der Entschuldigung, sondern rechtfertigt den Fehltritt mit der vermeintlichen Alternativlosigkeit.

Die Parole von der Alternativlosigkeit – übrigens 2010 von der Gesellschaft für deutsche Sprache zum Unwort des Jahres erklärt – stammt von der britischen Premierministerin Margaret Thatcher. Damit begründete sie den neoliberalen Umbau der Wirtschafts- und der Gesellschaftspolitik im Vereinigten Königreich, mit der sie in den achtziger Jahren das Land »wettbewerbsfähig« für den globalen Markt machen wollte. Wieder und wieder erklärte die konservative Politikerin in London: *There is no alternative* (»Es gibt keine Alternative«). Aus den Anfangsbuchstaben wurde alsbald das Akronym TINA gebildet. Deshalb spricht man heute vom TINA-Prinzip, wenn Politiker ihr Handeln als alternativlos bezeichnen. Der rigorose Abbau des Sozialstaates und die Protektion der Reichen in Großbritannien wurden in der Folge zum Vorbild für die meisten kapitalistischen Staaten.

Es gibt jedoch immer die reale Möglichkeit einer Wahl von Entwicklungswegen – so auch 1989/90 in und mit den beiden deutschen Staaten. Die schlechtere Wahl mit dem Hinweis auf Alternativlosigkeit zu bemänteln, ist nichts anderes als ein indirektes Eingeständnis von Unfähigkeit und Schuld.

Daniela Dahn ist nicht nur »eine der argumentationsstärksten Kritikerinnen der deutschen Einheit« (*mdr* am 15. November 2021), sondern vor allem eine wichtige selbstbewusste Stimme der Ostdeutschen. Sie scheute sich auch nach dreißig Jahren nicht zu erklären: »Ich wollte immer in einer Demokratie leben, aber nie im Kapitalismus.«

Zumindest den ersten Teil ihres Wunsches teile ich ohne Einschränkung, beim zweiten würde ich relativieren wollen. In dieser Art Kapitalismus, wie wir ihn heute haben, möchte ich auch nicht leben. Aber in einer sozialen Marktwirtschaft schon.

Anfang des Jahres 2024 machte eine Rede die Runde, die fast fünf Jahre zuvor an der international hoch angesehenen Schweizer Eidgenössischen Technischen Hochschule (ETH) in Zürich gehalten worden war. Den Vortrag hatte der 2023 verstorbene Hans Modrow gehalten, mit dem ich in den achtziger Jahren zwangsläufig verbunden war. Ich wurde Mitte der achtziger Jahre Oberbürgermeister in Dresden, als Hans Modrow bereits ein Dutzend Jahre der Parteierste im Bezirk war. Modrow hing seit den fünfziger Jahren schon im Parteigeschirr, er war darin trainiert und nahm alles stoisch hin wie eben auch jene Ungerechtigkeit, die ihm als Siebzehnjähriger widerfuhr. Er war in Hitlers letztes Aufgebot gepresst worden und musste, ohne jemals einen Schuss abgegeben zu haben, dafür vier lange Jahre in sowjetische Kriegsgefangenschaft. Als er zurückkam, waren die BRD und die DDR gegründet, sein Heimatdorf befand sich in Polen und seine Familie im Westen. In Zürich nun, so war er gebeten worden, sollte er zum Thema »30 Jahre nach dem Fall der Mauer – Europa damals und heute« seine Gedanken vortragen.

Das tat er. Vor reichlich zweihundert Leuten im Saal, und noch einmal so viele in einem Nebenraum, in welchen übertragen wurde. Modrow sprach. Ohne Bitterkeit und ideologische Scheuklappen. Ich weiß das, weil ich seine Ausführungen in der *Berliner Zeitung* las, die sie zu Beginn des Jahres 2024 veröffentlichte. Erst im Netz, wo sie zu den am meisten angeklickten Beiträgen in der ersten Woche des Jahres gehörte, dann in der Printausgabe am Wochenende.

Modrow interpretierte die europäische Nachkriegsgeschichte und die deutsche »Vereinigung«, was die Zeitung unter die Überschrift »Absurdität und Arroganz« gestellt hatte. Der Text fand bemerkenswerte Resonanz in Ost wie West, auch ohne dass er öffentlich Wellen geschlagen hätte. Ein jagender Rechtsanwalt, der in der letzten DDR-Regierung ein Ministeramt bekleidete und heute nur dann eine Zeitung kauft, wenn er darin Erwähnung findet, wurde von seinem westdeutschen Verleger darauf hingewiesen, bei seinem nächsten Werk die Rede von Modrow zu bedenken. Das tat er nicht, um den verblichenen Ex-DDR-Premier zu rühmen oder um seinem Autor eine Gedankenstütze zu geben. Sondern, und ich finde in jüngster

Zeit in Gesprächen mit westdeutschen Intellektuellen mittleren Alters diesen Eindruck bestätigt, weil diese Generation augenscheinlich auf der Suche nach einem historischen Fundament ist. Die stockkonservative, reaktionäre Basis des bürgerlichen Deutschlands wurde durch die 68er zertrümmert, es folgten Jahrzehnte kosmopolitischer Offenheit mit Globalisierung und Weltläufigkeit, die sich nun offenbar mit einer Rückkehr zu Nationalismus und Ausgrenzung dem Ende zuneigen. Die geistig-moralische Wende, von der Kohl 1982 gesprochen hatte, ist gesamtdeutsch nunmehr vollzogen, das piefige, kleinkarierte, rückwärtsgewandte Deutschland ist restauriert. Symbolisch vollzogen mit der Errichtung des kaiserlichen Schlosses in der Mitte der Hauptstadt, drapiert mit einem architektonischen Vorhang, der sich Humboldt-Forum nennt.

Alle Koordinaten scheinen sich aufzulösen, was gestern noch galt, ist heute obsolet. Der Grund, auf dem man steht, wankt, man spürt keinen festen Boden mehr unter den Füßen. Man sucht nach Haltepunkten, nach Wahrheiten, die länger als 24 Stunden Bestand haben. Reflexionen wie die von Hans Modrow scheinen dabei hilfreich zu sein. Diese Generation in der Mitte ihres Lebens sehnt sich augenscheinlich nach einem historisch soliden Narrativ der deutschen Vergangenheit, das frei ist von ideologischen Verzerrungen.

Anders jedenfalls kann ich mir den Zuspruch nicht erklären. Für unsereinen erzählte Hans Modrow in Zürich nichts Neues. Aber bei vergleichsweise historisch Unbeleckten erzielte er Wirkung. Es sei ihm gegönnt, auch wenn er's selbst nicht mehr erlebte.

Modrow beendete seinen Vortrag mit der Beantwortung seiner rhetorischen Frage, ob wir Deutschen »ein Volk seien. »Wir haben die staatliche, jedoch keine innere Einheit. In dreißig Jahren wurde es nicht geschafft, den inneren Frieden herzustellen. Die Lebensbedingungen in West und Ost sind verschieden. Nachdem man jahrelang dafür die SED und die ›marode Wirtschaft‹ der DDR verantwortlich machte, kommt man inzwischen nicht umhin einzugestehen, dass bei der Vereinigung Fehler gemacht worden seien. Das Wort von der Kolonisierung macht die Runde. Wichtige Funktionen in Politik, Verwaltung, Wirtschaft und Wissenschaft werden unverändert von Westdeutschen besetzt, und diese ziehen wiederum ihresgleichen nach. Obgleich die Arbeitslosigkeit im Osten so niedrig ist wie seit 1990 nicht, es spürbare Bemühungen gibt, Renten und Gehälter dem Westniveau anzunähern, bleibt immer noch eine bemerkenswerte Differenz. Nach dreißig Jahren!

Es ist auch weniger die soziale Ungerechtigkeit, die die Menschen im Osten bedrückt. Es ist die ungebrochene Vormundschaft, die über sie ausgeübt wird. Ihnen wird ihre Vergangenheit interpretiert, vorgeschrieben, gedeutet. In letzter Konsequenz ist es eine fortgesetzte Entmündigung.

Der Vertrauensverlust in die Institutionen des Staates – Parteien eingeschlossen – ist so groß wie nie. Die Stunde der braunen Rattenfänger ist da. Faschisten saßen schon immer im Bundestag. Noch nie aber mit einer eigenen Fraktion …

Der Historiker in Stefan Heyms Roman ›Der König David Bericht‹, der mit der ›richtigen‹ Geschichtsschreibung beauftragt wurde, hieß Ethan ben Hoshaja. In Erinnerung an diesen Mann und seine Mission kann ich nur sagen: Solange die deutschen Ethans das Monopol auf die DDR-Geschichte, auf die Deutung von Mauerbau und Mauerfall besitzen, werden sich die Ostdeutschen bevormundet fühlen.

Auch deshalb bin ich Ihnen dankbar, dass Sie mir Gelegenheit gaben, hier heute zu sprechen. In Zürich, in der Schweiz.

Eine solche Einladung habe ich bisher von keiner deutschen Universität oder Fachhochschule erhalten. Und es gibt weit über dreihundert davon.

Muss ich noch mehr sagen?«

Merke:
Ostdeutsches Selbstbewusstsein existiert. Nur findet sich selten Gelegenheit, es auch zu demonstrieren.

*Die Bürokratie ist der imaginäre Staat neben dem
reellen Staat, der Spiritualismus des Staats. [...]
Was den einzelnen Bürokraten betrifft, so wird der
Staatszweck zu seinem Privatzweck, zu einem Jagen
nach höheren Posten, zu einem Machen von Karriere.*

Karl Marx
in: Zur Kritik der Hegelschen Rechtsphilosophie.
Kritik des Hegelschen Staatsrechts

Bürokratie abbauen

Auf Umfragen gebe ich wenig und nehme sie dennoch ernst. Allein mit der Formulierung der Fragen kann man Antworten beeinflussen und damit ein Ergebnis erhalten, dessen Tendenz gewünscht wird. Darum gingen in der Vergangenheit auch so viele Wahlprognosen in die Hose. Etwa die Volkskammerwahl im März 1990. Da sollte bekanntlich mit großem Vorsprung die SPD durchs Ziel gehen, und Ibrahim Böhme sah sich bereits als Ministerpräsident.

Oder erinnert man sich noch an das Umfrageergebnis der FDP von Anfang 2009, als die Liberalen laut einer Forsa-Erhebung bundesweit bei 18 Prozent standen?

Oder an Martin Schulz, der 2017 mit 100 Prozent Zustimmung zum SPD-Vorsitzenden und Kanzlerkandidaten gewählt wurde, damit einen medialen SPD-Hype auslöste und wenige Monate später bei den Bundestagswahlen für seine Partei das bis dahin schlechteste Ergebnis seit 1945 einfuhr: 20,5 Prozent?

Vergessen das Schicksal Annalena Baerbocks, die – als die Partei in den Umfragewerten mit 28 Prozent noch vor der Union lag – 2021 von den Grünen zur Kanzlerkandidatin gemacht wurde? Wegen diverser Schummeleien verlor Baerbock binnen Wochen dramatisch an Glaubwürdigkeit und die Partei an Zustimmung. Die *taz* titelte reichlich zwei Monate vor dem Urnengang: »Es ist vorbei, Baerbock!« Naja, war's nicht, sie rettete sich in ein Ministeramt, die Grünen kamen mit 14,8 Prozent in den Bundestag und in die Ampelregierung. »Für Baerbock ist diese Kandidatur zu früh gekommen, sie ist zu jung, zu unerfahren und politisch zu unreif«, prognostizierte die *taz* am 4. Juli 2021.

Nur im zweiten Teil lag die Kommentatorin falsch. »Baerbock ist an ihrem eigenen Ehrgeiz gescheitert.« Sie ist noch immer Bundesaußenministerin, wie wir sehen.

Churchill wird der Satz zugeschrieben: »Traue keiner Statistik, die du nicht selbst gefälscht hast.« Dafür gibt es keinen Beweis, dass er es gesagt hat, allerdings die Vermutung, dass dieser Satz von Goebbels stammt. Der Nazipropagandaminister habe sie dem britischen Premier untergeschoben, um dessen Seriosität infrage zu stellen. Andererseits: Churchill hat tatsächlich gesagt, dass man beim Sieg der Alliierten über Hitlerdeutschland das falsche Schwein geschlachtet und sich nunmehr über Europa ein Eiserner Vorhang niedergesenkt habe, was gemeinhin mit dem Beginn des Kalten Krieges in Verbindung gebracht wird. Vier Tage nach dem Sieg der Antihitlerkoalition über Nazideutschland sandte der britische

Premier Churchill an US-Präsident Roosevelt ein Telegramm. Darin ließ er sich über den Dritten der großen Drei und der von ihm befehligten Roten Armee aus: »An iron curtain is drawn down upon their front. We do not know what is going on behind.« Ein Eiserner Vorhang habe sich niedergesenkt und wir wüssten nicht, was dahinter geschehe.

Den »Eisernen Vorhang« als ultimative Trennung von Gut und Böse brachte tatsächlich das Wochenblatt *Das Reich* am 18. Februar 1945 auf, als es die Vereinbarungen von Jalta über die europäische Nachkriegsordnung geißelte – unter der zentimetergroßen Überschrift »Hinter dem Eisernen Vorhang«. Goebbels nahm dieses Bild in der nächsten Ausgabe am 25. Februar auf und attackierte die Verabredungen der Großen Drei als Ausverkauf westlicher Werte, weshalb Deutschland weiterkämpfen müsse. Streckte das Dritte Reich nämlich seine Waffen, »würden die Sowjets auch nach den Abmachungen mit Roosevelt, Churchill und Stalin ganz Ost- und Südosteuropa zuzüglich des größten Teils des Reiches besetzen. Vor diesem einschließlich der Sowjetunion riesigen Territorium würde sich sofort ein eiserner Vorhang herunter senken, hinter dem dann die Massenabschlachtung der Völker, wahrscheinlich noch unter dem Beifall der Londoner und New Yorker Judenpresse, begänne.«

Mit Zitaten und mit Umfragen, wir sehen es, ist das so eine merkwürdige Sache. Deshalb sollte man den Demoskopen nicht blindlings folgen. Sie erfassen allenfalls eine Tendenz. Ende 2023 veröffentlichte das Institut für Demoskopie Allensbach und das Medienforschungsinstitut Media Tenor eine Umfrage. Derzufolge hätte die *gefühlte* Meinungsfreiheit in der Bevölkerung den tiefsten Stand seit den Fünfzigerjahren erreicht. »Seit dem Fall der Mauer, als 1990 noch 78 Prozent der Deutschen diese Frage ausgesprochen zuversichtlich beantworteten, sind die Werte zunächst mit der Regierung Schröder, dann unter Merkel stetig gefallen, um nun zur Halbzeit der Ampel ihren historischen Tiefpunkt zu dokumentieren«, schrieben die Autoren der Studie.

Ich glaube nicht, dass dieses »Gefühl« eingeschränkter Meinungsfreiheit ursächlich dieser oder jener Regierung zugeschrieben werden kann. Wobei natürlich auch den Regierenden ein hohes Maß Verantwortung daran zukommt. Wenn etwa Bayerns Stellvertretender Ministerpräsident (der mit dem antisemitischen Flugblatt im Schulranzen, was ihm angeblich der Bruder untergejubelt hatte) öffentlich forderte, dass die schweigende Mehrheit sich die »Demokratie zurückholen« müsse, dann kann die *Süddeutsche Zeitung* noch so oft behaupten, dass 61 Prozent bei einer anderen Umfrage diesen Satz verurteilt hätten: Das Misstrauen ist regierungsamtlich, dass die Demokratie auf der Strecke geblieben sei. Aiwanger (Freie Wähler) hatte es schließlich gesagt. Denn wenn man sich etwas »zurückholen« müsse, ist es weg, verschwunden, abhanden gekommen.

Ein angstbelastetes Meinungsklima untergräbt natürlich die politische Ordnung. Weil dadurch – einerseits – den rechten Rattenfängern und anderen Populisten zumindest indirekt zugestimmt wird, dass man hierzulande nicht mehr sagen dürfe, was man denke. Und andererseits führt es zur Radikalisierung innerhalb der Meinungsblasen der vermeintlich Ausgegrenzten. Und beim intellektuellen Rest führt das zu resignierendem Zynismus.

In meinem letzten Buch (»Zwischen Wut und Verzweiflung«) hatte ich geschrieben, dass ich meinen Text »als einen Test hinsichtlich der Belastbarkeit der vom Grundgesetz garantierten Meinungsfreiheit« verstünde. Und fragend hinzugefügt: »Werde ich rufgemordet oder totgeschwiegen?« Weder das eine noch das andere trat ein, der Belastungstest ging also gut aus. Sieht man mal vom Auftritt in einer Talkshow des *MDR* ab, wo der Moderator, ein ehemaliger Chefredakteur des *Spiegel*, mir über den Mund fuhr, als ich im Zusammenhang mit dem Anschlag auf die Gaspipelines Nord-Stream 1 und 2 Deutschland einen Vasallenstaat der USA nannte. Dabei berief ich mich auf eine namhaften US-Publizisten, der einst für Furore gesorgt hatte, weil er das Kriegsverbrechen der USA im vietnamesischen My Lai am 16. März 1968 öffentlich machte. Ein Jahr lang hatten die Medien es abgelehnt, seine Enthüllungen zu drucken, 1970 bekam er dafür den Pulitzer-Preis. Die Veröffentlichung, so heißt es heute, trug maßgeblich zum Wandel der öffentlichen Meinung über den Vietnam-Krieg in den USA bei.

Dieser Seymour Hersh hatte nunmehr die Hintergründe des Terroranschlags auf die russische Gasleitung recherchiert und die USA als Täter, mindestens aber die Mitwirkung amerikanischer Nachrichtendienste ins Gespräch gebracht. Das Imperium schlug zurück, indem es mehrere Legenden – eine alberner und unlogischer als die andere – in die Welt setzte. Und die andere Linie war, den betagten Enthüllungsjournalisten als unglaubwürdig zu diffamieren, nannte ihn einen alten unglaubwürdigen Narren, der sich nur habe wichtig machen wollen. (Übrigens: Bis zur Stunde, anderthalb Jahre nach dem Anschlag, wollen die Ermittler in den Anrainerstaaten der Ostsee – dem am besten überwachten Binnenmeer der Welt – nicht herausbekommen haben, wer die drei von vier Pipelinesträngen in achtzig Meter Tiefe am 26. September 2022 zerstört hat? Ich finde allein diese Tatsache beredt.)

Also der Pawlowsche Reflex beim *MDR*-Moderator funktionierte erwartungsgemäß. Er fuhr mir in die Parade, schnitt mir das Wort ab. Ein zwiefaches Ärgernis: Ich hatte eine Unperson zitiert und Deutschlands transatlantische Nibelungentreue kritisiert.

Doch sonst? Business als usual. Die Ignoranz ist noch immer die schärfste Waffe der Medien im Widerstreit der Meinungen.

Mich stört das Geblubber der Meinungsbestimmer. Uniformes Denken, das damit zu erzeugen versucht wird, geht mir auf den Zeiger. Ich will mir weder einreden lassen, dass alles gut werde oder dass schon morgen die Katastrophe käme. Weder trifft das eine zu, noch ist das andere ausgeschlossen. Aber sich willenlos oder widerstandslos den Einredungen hinzugeben ist meine Sache nicht.

Franz Josef Strauß soll einmal gesagt haben: »Die Zehn Gebote enthalten 279 Wörter, die amerikanische Unabhängigkeitserklärung 300 und die Verordnung der Europäischen Gemeinschaft über den Import von Karamelbonbons hat exakt 25 911 Wörter.« Womit er die Bürokratie sowohl in der EU wie auch in Deutschland kritisiert hatte.

Das Zitat ist Jahrzehnte alt, Strauß seit 1988 tot.

Ist die Bürokratie weniger geworden?

Darüber klagen und jammern bringt uns nicht weiter. Es muss gehandelt werden. In allen gesellschaftlichen Bereichen, auf allen Ebenen. Die Union hatte nur die Wirtschaft im Blick, als sie am 18. April 2023 einen Antrag zum »Abbau überflüssiger und belastender Bürokratie« in den Bundestag einbrachte. Zutreffend war dort formuliert worden: »Überbordende Dokumentations-, Melde- und Aufbewahrungspflichten, lange Verfahrensdauern sowie Vollzugs- und Umsetzungsprobleme in Behörden belasten unsere Wirtschaft – vom Selbstständigen über kleine und mittlere Betriebe bis hin zu großen Unternehmen. Dies ist keine gute Werbung für den Wirtschaftsstandort Deutschland und kostet Unternehmen unnötig Geld, Zeit, Nerven und Personal.« Der Bürokratieabbau sei und bleibe eine Daueraufgabe, hieß es. »Er kostet wenig, kann erhebliche Erleichterungen bringen und wirkt wie ein Konjunkturprogramm.« Und dann folgen vier Seiten bürokratische Vorschläge, wie sich die Union das vorstelle.

Am 30. November 2023 wurde im Plenum der Antrag mit der Mehrheit von SPD, Bündnis 90/ Die Grünen, FDP und Die Linke abgelehnt. Die Debatte war letztlich ideologisch motivierte Rechthaberei. Die Union könne nicht so tun, als habe sie seit Jahrzehnten für den Abbau von Bürokratie gekämpft, in Wahrheit hätten die von ihr geführten Regierungen eine bürokratische Regelung nach der anderen in die Gesetze hineingeschrieben. Andere wiederum verwiesen auf Brüssel. 57 Prozent der geltenden Regelungen fußten auf EU-Verordnungen, da könne die Bundesregierung nicht viel machen. Und: Die Union fordere, dass ein Bürokratieentlastungsgesetz vorgelegt werden müsse.

»Aber das haben wir doch längst gemacht mit dem Wachstumschancengesetz!«, kam es von der Regierungsbank. Und die Linken schossen ebenfalls am Ziel vorbei: »Sie wollen die Schutzrechte unter dem Vorwand des Bürokratieabbaus schmälern.«

Alles heiße Luft. Und so wird es auch von der Bevölkerung wahrgenommen. Mit jeder Debatte schwindet das Vertrauen.

Man gebe bei Google »Bürokratieabbau« ein. Angezeigt werden 392 000 Treffer. Seit 2016 wurden drei »Bürokratieentlastungsgesetze« (BEG) verabschiedet, 2024 soll ein viertes folgen. Augenscheinlich war die Wirkung der vorangegangenen nicht ganz befriedigend. Der Justizminister von der FDP, im Zweitberuf offenbar Mediziner, diagnostizierte bei den Unternehmen in Deutschland zuletzt einen »Bürokratie-Burn-out«.

Mit den Gesetzen sollte insbesondere bei den kleinen und mittelständischen Unternehmen etwa die Zettelwirtschaft reduziert werden. Allerdings, so kritisieren die Fachleute, bekämpfe man damit nur die Symptome, es sei eine »systemische Ursachenbekämpfung« nötig.

Doch welche Ministerialbürokratie, welcher Lobbyverein, welche Steuerkanzlei und welche Verwaltung bekämpft schon das System, von dem sie alle leben?

Der erste (von fünf) und damit wohl wichtigste Punkt des Referentenentwurfs für das Vierte Bürokratieentlastungsgesetz ist die Verkürzung der Aufbewahrungsfrist für Buchungsbelege im Handels- und Steuerrecht von zehn auf acht Jahre. Hallelujah!

Der »große Befreiungsschlag«, von dem die meisten im Land träumen und auf den wir hoffen, ist das nicht. Ich meine, dass auch bei diesem Thema unverändert die alte Volksweisheit gilt: Wenn man einen Sumpf trockenlegen will, darf man nicht die Frösche fragen.

Merke:
Bürokratieabbau sollte besser ohne Bürokraten erfolgen.

Ich war grün, ich war rot, jetzt bin ich konservativ und auch ein wenig sozialistisch. Ich bin alles Mögliche, vor allem unzufrieden. Aber definitiv nicht rechts.

Ein 53-jähriger Namenloser
aus dem Norden von Ostdeutschland,
der ursprünglich aus NRW stammt,
auf der Bauerndemonstration zu Beginn des Jahres,
in: *Berliner Zeitung*, 13. Januar 2024

Wirtschaft transformieren

Ich teile die Auffassung des Aufsichtsratsvorsitzenden des Pharma- und Agrarchemiekonzerns Bayer. Der Mittsechziger sitzt auch im Kontrollgremium der Deutschen Bank und hat zudem den Vorsitz der Bundesfachkommission für Wachstum und Innovation des Wirtschaftsrats der CDU inne. Ich teile weder seinen Glauben (er ist katholisch) noch seine politischen Überzeugungen, aber ich folge seinem Urteil über den Zustand der deutschen Wirtschaft: Wenn wir so weitermachen, gehört Deutschland schon in zehn Jahren nicht mehr zu den führenden Wirtschaftsnationen.

Norbert Winkeljohann spricht von einem Teufelskreis. Das destruktive Gerede über den kritischen Zustand der Wirtschaft beschleunige deren Niedergang. Die Fokussierung auf das, was nicht läuft, führe dazu, dass immer weniger Menschen etwas Neues in Deutschland wagten. Immer mehr Unternehmen investierten darum lieber im Ausland. Natürlich lockten auch Steuererleichterungen und Subventionsanreize etwa in die USA. Deutschland ist – hinter Japan und vor Kanada und Großbritannien – der größte Investor in den Vereinigten Staaten.

»Im Ringen um ausländische Unternehmensansiedlungen überbieten sich die US-Regierung und die Bundesstaaten nicht nur mit opulenten Investitionshilfen, sondern konkurrieren die Standorte auch bei der Geschwindigkeit bis zum Vertragsabschluss«, schrieb die Konrad-Adenauer-Stiftung im April 2023 im Zusammenhang mit dem »Inflation Reduction Act« (IRA), den die Biden-Administration zur Ankurbelung ihrer nationalen Wirtschaft auf den Weg gebracht hatte. Die Stiftung befürwortete ebenfalls staatliche Investitionsbeihilfen im weltweiten Subventionswettlauf, aber das sei eben nur kurzfristig wirksam und behebe nicht das grundsätzliche Problem: Für bessere Standortbedingungen müsste in Bildung und Infrastruktur investiert werden. »Die Wachstumsaussichten für die deutsche Wirtschaft gleichen einer Pferdekutsche, bei der die Zahl der Zugtiere sinkt und das Kraftfutter verringert wird, aber mehr Passagiere mitfahren sollen.«

Die Lage sei schlimm, sagt Winkeljohann weiter, aber nicht so schlimm, wie einige behaupteten. Die Wirtschaft sei 2023 geschrumpft, und möglicherweise werde sie 2024, wenn überhaupt, nur leicht wachsen. Wir hätten weniger eine Wirtschaftskrise und mehr eine Vertrauenskrise. Deshalb fordert er ein konzertiertes Vorgehen für die deutsche Wirtschaft, bei der Politiker »über alle Parteigrenzen hinweg« und Akteure aus der Wirtschaft »ernsthaft über die Zukunft sprechen« sollten.

Das Programm müsse radikal sein und sich auf wenige Bausteine beschränken, damit die zur Verfügung stehenden Mittel in drei, vier wesentliche Richtungen gelenkt werden.

»Für mich«, so Winkeljohann in einem Gespräch mit dem *Handelsblatt* Anfang 2024, »steht das Thema Bildung ganz oben. PISA hat gerade wieder gezeigt: Wir müssen hier massiv investieren.«

Der Anfang Dezember 2023 vorgestellte internationale Leistungsvergleich PISA *(Programme for International Student Assessment)* hatte offenbart, dass deutsche Schüler 2022 so schlecht abschnitten wie noch nie. An der Erhebung waren fast 700 000 junge Menschen in 81 Ländern beteiligt gewesen. PISA fragt alle drei Jahre nicht nur Faktenwissen ab, sondern testet, ob die Teilnehmenden ihr Wissen anwenden und Informationen sinnvoll verknüpfen können, die Rechercheure erkunden Schlüsselkompetenzen, mit denen sich die Heranwachsenden in der Informationsgesellschaft des 21. Jahrhunderts behaupten können. Die Befunde – 2022 erhoben – belegten einen beispiellosen Rückgang des Leistungsdurchschnitts in den Staaten der Organisation für wirtschaftliche Zusammenarbeit und Entwicklung (OECD), dem Verbund von 38 zumeist westlichen Industriestaaten. Dieser Rückgang ließ sich nur teilweise auf die Coronapandemie zurückführen. Die Leistungen der 15-Jährigen in Lesekompetenz und Naturwissenschaften begannen bereits vor Corona zu sinken. Auch bei den Mathematikleistungen waren in verschiedenen Ländern schon vor 2018 negative Trends beobachtet worden.

Deutschland lag bei dieser letzten PISA-Studie auf Platz 21, fünf Plätze schlechter als noch 2016. Der dramatische Leistungsabfall sei besorgniserreichend, hieß es.

Bereits vor der Veröffentlichung der PISA-Studie hatte die CDU den Abbau von Bürokratie in Bildungseinrichtungen und mehr Freiräume für Schulen gefordert. »Jede Berichtspflicht und jede bürokratische Anforderung gehört auf den Prüfstand«, erklärte der bildungspolitische Sprecher der Unionsbundestagsfraktion, Thomas Jarzombek.

Da war er wieder: der Bürokratieabbau.

Wie man sieht, hängt alles mit allem zusammen. Bildungswesen und Wirtschaft und Verwaltung und Motivation und und und.

Winkeljohann fordert in diesem Kontext, dass sich »die wichtigsten Wirtschaftsvertreter« generell mehr einmischen müssten. »Egal, ob es nun um das Thema Bildung, Steuern oder Zuwanderung geht.«

Ich interpretiere das als Unmutsbekundung. Natürlich »mischten« sich die Großindustrie und das Großkapital schon immer ein. Dazu nutzen sie diverse der Öffentlichkeit meist verborgene Kanäle. Aber die Resultate scheinen unbefriedigend, wie nicht nur wir täglich erleben. Schaden nehmen wir alle. Beginnend mit dem nicht ausreichend qualifizierten Nachwuchs, der daraus und aus dem demografischen Wandel resultierenden miserablen

Arbeitsmarktlage bis hin zur Verschlechterung der Unternehmenskultur.

Inzwischen hat sich beispielsweise für den früheren Geschäftsführer das Kürzel CEO eingebürgert. Die drei Buchstaben stehen für *Chief Executive Officer*. Er oder sie ist für das Tagesgeschäft und die Organisation des Unternehmens verantwortlich und berichtet, wenn es ein Großbetrieb ist, dem Vorstand. Der kann ihn mit Boni und Privilegien belobigen und bei Laune halten – oder ihn feuern, wenn er mit der Arbeit des CEO unzufrieden ist. Wie etwa zu Jahresbeginn 2024 den CEO eines der größten Medienkonzerne Deutschlands. Der Verwaltungsrat, in dem der Eigentümer Hubert Burda sowie dessen beide Kinder sitzen, hatten den Manager nach nur zwei Jahren entlassen, weil »sein Ausblick auf die Richtung und die Schritte der Weiterentwicklung des Konzerns mit dem des Verwaltungsrates nicht mehr deckungsgleich ist«, hieß es ein wenig kryptisch in der Verlagsmitteilung.

An diesem Fall gibt es Besonderes und Allgemeines. Von Interesse ist hier das Grundsätzliche. Winkeljohann deutet die Veränderungen des Charakters der CEOs an, womit erkennbar wird, dass er als Vertreter seiner Klasse eine auf Profitmaximierung orientierte Unternehmenskultur für überholt hält. In der Nachkriegszeit bis in die achtziger Jahre dominierten Patriarchen, die Über-CEOs. Sie hatten die Firma aus Ruinen aufgebaut, waren mitunter Erfinder oder im Vertrieb versiert, dynamische Persönlichkeiten, denen es vorrangig um Wachstum ihres Betriebes ging. Dann, mit dem Neoliberalismus, kam die nächste Generation, denen es auch um Expansion ging, aber dabei primär um die finanzielle Seite. »Bei ihnen ist manchmal der Blick für Kunden und Produkte etwas aus dem Fokus geraten«, formuliert Winkeljohann diplomatisch-zurückhaltend. Natürlich meint er die geldgeilen, raffgierigen Betriebsbosse, denen die Steigerung des Shareholder Value, des Marktwertes des Unternehmens, wichtiger war als alles andere – im Interesse der Anteilseigener, der Aktionäre.

»Wir brauchen jetzt eine Generation von CEOs, die insbesondere den Markt, die Kunden, die Mitarbeiter und die Produkte in den Fokus nimmt«, sagt Winkeljohann. Man könne »in der aktuellen Lage« ein Unternehmen nur erfolgreich lenken, wenn man ein kundiger, wirtschaftlich und politisch engagierter Allrounder sei. Und, wie schon erwähnt, als Unternehmer müsse man auch klar Stellung beziehen: gegen Antisemitismus, Fremdenfeindlichkeit, Extremismus …

Diese Haltung gefällt mir. Ich hatte in meiner Berufspraxis immer wieder mit Wirtschaftskapitänen zu tun, die es vorzogen, ihre politische Meinung hinter einer Maske der Neutralität zu verbergen. Sie fürchteten, Geschäftspartner oder Kundschaft zu verlieren, die ihre Auffassung eventuell nicht teilten. Sie wollten, bei aller Unabhängigkeit und Freiheit, nicht anecken. Natürlich war und ist nicht auszuschließen, dass Kunden oder Partner von der Fahne gehen, hinter der sie nicht zu marschieren wünschen. Wer will sich beispielsweise schon mit einem Unternehmer gemein machen, der sich entweder als »rote Socke« outet oder explizit keine Ausländer in seinem Unternehmen haben möchte und schon mal der AfD eine Spende zukommen lässt?

Die Mehrheit der CEOs, die ich kennengelernt habe, war nicht nur humanistisch erzogen und hinlänglich kultiviert, sondern sie dachte und handelte auch logisch. Fremdenfeindlichkeit und politischer Extremismus kann tödlich fürs Geschäft sein, die Nähe zu einer nationalistischen Partei wie die AfD ist dem internationalen Geschäft abträglich. Siegfried Russwurm, Präsident des Bundesverbandes der Deutschen Industrie (BDI), erklärte wiederholt: »Fremdenfeindlichkeit und Vorurteile sind das Allerletzte, was unser Land braucht.« Deutschland müsse bunt, nicht braun sein. »Das ist richtig und wichtig für uns und unseren Platz in der Welt, für ein Land, das von der internationalen Vernetzung so abhängig ist wie kaum ein zweites.«

Die meisten deutschen Unternehmen leiden inzwischen unter Personalmangel. Der demografische Wandel zwingt geradezu, ausländische Arbeitskräfte auszubilden und zu beschäftigen. »Wir müssen in den nächsten Jahren den demografischen Wandel abfedern. Ohne Fach- und Arbeitskräfte aus dem Ausland werden wir unseren Wohlstand nicht halten», heißt es auch von der Bundesvereinigung der Deutschen Arbeitgeberverbände (BDA).

Etwa jeder siebte Arbeitnehmer in Deutschland ist Ausländer. Schon jetzt machen Nicht-Deutsche rund fünfzehn Prozent der sozialversicherten Beschäftigten aus. In einigen Berufszweigen ist der Anteil noch sehr viel höher – und er steigt weiter. Besonders hohe Anteile von Migranten finden sich bei Reinigungskräften (41 Prozent), in der Lebensmittelherstellung (38 Prozent), im Hoch- und Tiefbau (33 Prozent) sowie im Tourismus-, Hotel- und Gaststättengewerbe (32 Prozent). Auch im Verkehrs- und Logistiksektor sowie der Landwirtschaft sind Migranten deutlich überrepräsentiert.

Wenn sie alle »nach Hause« geschickt werden würden, wie es die AfD verlangt, gehen hier die Lichter aus. Und es zeigt überdies, wie wenig diese Partei von Wirtschaft und gesellschaftlicher Organisation versteht: Ausländer nehmen Deutschen keineswegs die Arbeit weg, sondern sie besetzen Stellen, für die sich sonst niemand findet. Wenn sich Deutschland zuwanderungsfeindlich positioniert, wird es uninteressant für Menschen, die einwandern wollen. Deutschland wird doch nicht von Wirtschafts- und Kriegsflüchtlingen wegen unserer großzügigen Sozialleistungen angesteuert, um sich hier die Zähne richten zu lassen, wie der CDU-Vorsitzende meinte. Friedrich Merz hatte im September 2023 in einer Talkshow erklärt: »Die sitzen beim Arzt und lassen sich die Zähne neu machen, und die deutschen Bürger nebendran kriegen keine Termine.«

Das ist Unsinn, Stammtischgeschwätz und kompatibel mit AfD-Parolen.

Die medizinische Versorgung von Asylbewerbern und Geduldeten ist im Asylbewerberleistungsgesetz festgelegt. Zahnärztliche Behandlungen gibt es demnach nur, wenn eine Erkrankung vorliegt – zum Beispiel akute Zahnschmerzen. Zahnersatz bekommen die Geflüchteten nur dann, wenn »dies im Einzelfall aus medizinischen Gründen unaufschiebbar ist«. Die Entscheidung liegt dabei beim behandelnden Arzt.

Bekommen Deutsche keine Termine, weil Zahnärzte so viele Geflüchtete behandeln müssen?

Auch das ist Quatsch. Die Bundeszahnärztekammer sieht keine Überlastung des Gesundheitssystems durch ausreisepflichtige Migranten. Die Kammer teilte mit, dass man in den zahnärztlichen Praxen »in der Regel problemlos Termine« bekomme. Im ländlichen Raum könne es hingegen zu längeren Wartezeiten kommen. Das liege aber nicht an den Geflüchteten, sondern am Ärztemangel in vielen Regionen.

Und genau das ist das Problem: der bedenkliche Zustand unseres Gesundheitswesen. Und der war und ist notwendig zu reformieren – unabhängig von den Menschen, die zu uns kommen.

Die AfD ist der Ansicht, dass das (noch immer gute) deutsche Sozialsystem Flüchtlinge aus aller

Welt anlocke. Auch Friedrich Merz warnte wiederholt, Sozialleistungen für Geflüchtete seien ein »falscher Anreiz« und zum Teil dafür verantwortlich, dass die illegale Migration nach Deutschland immer weiter zunehme.

Wenn Menschen allein aus wirtschaftlichen Gründen Zielländer aussuchen würden, dann »müsste die ganze Welt in Bewegung sein«, sagte Frank Kalter, Direktor des Deutschen Zentrums für Integrations- und Migrationsforschung (DeZIM). Das sei sie aber nicht.

Richtig hingegen ist, und da ist ihm beizupflichten, dass es Grenzen gibt für die Aufnahmefähigkeit. Kapazitätsgrenzen, welche es unmöglich machen, alle aufzunehmen, die es wünschten. Wer zu uns kommt, belastet das gesellschaftliche Gefüge. Das ist eine objektive Tatsache. Menschen brauchen ein Dach über dem Kopf, sie müssen versorgt und betreut werden. Die Integration ist langwierig, die Assimilation einer fremden Kultur dauert. Und die besondere Zuwendung für Geflüchtete nährt Neid und sät Zwietracht. Wenn etwa in Görlitz aufwendig sanierte, aber leerstehende Häuser, weil deren Mieten für Anwohner unerschwinglich hoch sind, Fremden faktisch gratis überlassen werden, dann schürt das Missgunst. Und Wut auf jene, die das entschieden haben.

Wenn ein unterbezahlter Angestellter nach der Schicht in Berlin-Oberschöneweide nach Hause läuft und durch Fenster in Erdgeschosswohnungen schaut, in denen nichtdeutsche Großfamilien untätig vor riesigen Fernsehern sitzen, die er sich trotz angestrengter Arbeit nie leisten könnte, dann nährt das Zweifel, ob es gerecht zugeht. Oder wenn ein aus Syrien geflüchteter Arzt, der in einer Rostocker Klinik gebraucht wurde, die ihm und seiner Familie angebotene Mietwohnung mit der Begründung ablehnt, sie hätten in Syrien ein eigenes Haus besessen und wünschten darum auch hier eine solche Behausung – dann entsteht nicht nur bei den zuständigen Betreuern der Eindruck mangelnder Bescheidenheit. Überzogenes Anspruchsdenken ist auch bei vielen Deutschen zu beobachten. Doch wenn hier gestrandete Menschen dies ebenfalls an den Tag legen, wird das von vielen Beobachtern besonders aufmerksam registriert.

Die AfD hat sich mit der Migration als Kernthema etabliert. Ihre Thesen korrespondieren nicht nur mit solchen Beobachtungen, sondern sie versprechen Lösungen für diese realen Probleme. Die Lösung bei Migration heißt abschieben und ausweisen.

Und dabei scheinen Überlegungen, um nicht von Planungen zu sprechen, inzwischen ziemlich weit gediehen. Anfang 2024 wurde publik, dass sich am Lehnitzsee »Schlüsselfiguren aus der Neonaziszene, der AfD und vom rechtspopulistischen Rand der Union [...], ebenso wie Wirtschaftsführer« zu einer konspirativen Konferenz versammelt hatte (*Frankfurter Rundschau,* 11. Januar 2024). Der Tagungsort lag keine zehn Kilometer Luftlinie entfernt von jener Villa am Wannsee, in der 1942 die »Endlösung der Judenfrage« erörtert und deren technische Umsetzung beschlossen worden war. Und bis zum einstigen KZ Sachsenhausen bei Oranienburg sind es vielleicht fünfzig Kilometer. Bemerkenswerte Koordinaten.

Auf jenem geheimen Treffen in der Lehnitzsee-Villa im November 2023 war über die Abschiebung und Ausweisung gesprochen worden, »über einen Masterplan zur ›Remigration‹ von Millionen von Menschen aus Deutschland« (*Neue Zürcher Zeitung,* 13. Januar 2024). Den »Masterplan« präsentierte ein 35-jähriger Österreicher, Kopf der rechtsextremen *Identitären Bewegung,* die sowohl in Deutschland wie in Österreich vom Verfassungsschutz beobachtet wird. Jener Martin Sellner, in der Einladung als Hauptredner angekündigt, »legte dar, wie die ›Ansiedlung von Ausländern rückabzuwickeln‹ sei. Neben Asylbewerbern und Ausländern mit Bleiberecht geht es ihm auch um ›nicht assimilierte‹ Staatsbürger, die seiner Ansicht nach das größte Problem sind.« Sie könnten in ein Gebiet in Nordafrika abgeschoben werden, in einen »Musterstaat«, der Platz für bis zu zwei Millionen Menschen bieten könnte.

Die Schweizer Zeitung schrieb weiter: »Der Begriff stammt aus der Migrationsforschung und klingt weniger verdächtig als das Wort *Abschiebung* oder gar *Deportation,* meint aber genau das.« Die AfD nutze ihn ebenso wie die ideologisch verwandte

FPÖ in Österreich. An einer von den Identitären organisierten »Remigrationsdemo« in Wien im Sommer 2023 hätten auch FPÖ-Vertreter teilgenommen. Und die *NZZ* offenbarte in ihrem Beitrag über die Lehnitzsee-Konferenz: »Nach dem Attentat auf zwei Moscheen in Neuseeland im März 2019, das über 50 Tote gefordert hatte, wurde bekannt, dass der Terrorist 1500 Euro an Sellner gespendet hatte. In E-Mails der beiden war auch von einem künftigen Treffen in Wien die Rede. Die FPÖ war damals Koalitionspartnerin von Bundeskanzler Sebastian Kurz.«

Und an anderer Stelle heißt es: »Auf Telegram teilt er *(Sellner – W. B.)* seine Ansichten mit 57 000 Followern, stets im Stil eines Influencers mit adrettem Seitenscheitel und in gepflegter Sprache – ein moderner Rechtsextremer fern der Optik der Neonazi-Szene, der er als Jugendlicher noch angehört hat.«

Der Standard, eine in Wien erscheinende Tageszeitung, schrieb am 10. Januar 2024: »Anwesend bei dem Treffen waren zahlreiche teils hochrangige Politiker der AfD. Die Bundestagsabgeordnete Gerrit Huy etwa soll bei dem Treffen gesagt haben, sie verfolge das vorgestellte Konzept schon länger und habe bei ihrem Parteieintritt auch ein ›Remigrationskonzept mitgebracht‹. Roland Hartwig, einst parlamentarischer Geschäftsführer der AfD-Bundestagsfraktion und nun Dozent der vom Bundesvorstand aufgebauten Akademie Schwarz Rot Gold, erklärte laut Zeugenaussagen, Sellners Pläne in die Partei zu tragen.« Sellners Vorschlag, auch deutsche Staatsbürger abzuschieben, steht im klaren Widerspruch zur offiziellen »Erklärung zum deutschen Staatsvolk und zur deutschen Identität« der AfD: »Als Rechtsstaatspartei bekennt sich die AfD vorbehaltslos zum deutschen Staatsvolk als der Summe aller Personen, die die deutsche Staatsangehörigkeit besitzen.«

Auf Anfrage der Nachrichtenagentur *Reuters* erklärte Sellner dann, dass seine Äußerungen sinnentstellend gekürzt worden seien. Es sei nicht um einen »geheimen Masterplan« gegangen. Es sei ihm auch nicht nur um Abschiebungen gegangen, sondern um »Hilfe vor Ort, Leitkultur und Assimilationsdruck«.

Die AfD ruderte zurück, nachdem die nationale und internationale Presse die Zusammenkunft breit publiziert hatte. Ulrich Siegmund, AfD-Fraktionsvorsitzender in Sachsen-Anhalt, erklärte, er habe als Privatperson und nicht als Abgeordneter teilgenommen. Über Roland Hartwig, die rechte Hand von Parteichefin Alice Weidel (mehrere AfD-Insider im Bundestag bezeichneten ihn als eine Art »inoffiziellen Generalsekretär der Partei«), breitete zunächst die Partei schützend die Hände. Erstens habe es sich nicht um ein Parteitreffen gehandelt, und zweitens habe Hartwig dort weder »politische Strategien erarbeitet, noch Ideen eines Herrn Sellner zur Migrationspolitik, von dessen Erscheinen er im Vorfeld keine Kenntnis hatte, ›in die Partei getragen‹«. *(Der Standard)* Am 15. Januar wurde er jedoch entlassen. Ohne eine Begründung. »Im beiderseitigen

Einvernehmen« hätten die AfD und der Referent von Parteichefin Weidel, Hartwig, den Arbeitsvertrag aufgelöst.

dpa meldete zudem, dass der nordrhein-westfälische CDU-Kreisverband Oberberg ein Parteiausschlussverfahren gegen ein Mitglied eingeleitet habe, das an diesem Treffen in Brandenburg teilgenommen hatte. Und die Nachrichtenagentur informierte weiter, dass auch die stellvertretende Bundesvorsitzende und NRW-Landeschefin der Werteunion, Simone Baum, zu den Teilnehmern des Potsdamer Treffens gehört habe. »Nach *dpa*-Informationen ist eine weitere Frau aus NRW, die an dem Potsdamer Treffen teilgenommen haben soll, am Freitag aus der Mittelstands- und Wirtschaftsunion (MIT) NRW ausgetreten – einer Parteigliederung der CDU.«

Am gleichen Tage verbreiteten die Nachrichtenagenturen, dass der Begriff »Remigration« zum Unwort des Jahres 2023 gewählt worden ist. Das Wort sei ein »rechter Kampfbegriff« und eine »beschönigende Tarnvokabel«, begründet die Jury ihre Wahl.

Natürlich stecken überall auf der Welt an jedem Tag an irgendwelchen Orten Menschen die Köpfe zusammen und reden dummes Zeug, ohne dass davon – zurecht – von Medienvertretern Notiz genommen würde. Dass dieses Treffen zwei Monate nach seinem Stattfinden solche Wellen schlug, hatte Gründe: *Erstens* sollte damit die gewachsene Sensibilität der Institutionen des Rechtsstaats gegenüber neofaschistischen Erscheinungen demonstriert werden – die Demokratie zeigt sich wehrhaft. *Zweitens* werden Argumente gesammelt, um ein Verbotsverfahren einzuleiten, weil *drittens* Landtagswahlen ins Haus stehen, bei denen die AfD stärkste Partei zu werden droht. Das soll durch solche (inszenierten) Skandale verhindert werden.

Einer solchen Debatte kann man sich nur schwer entziehen, und auch ich bekenne Farbe, indem ich mich positioniere. Wohl wissend, dass politische Blödheit nur durch eine weniger blöde Politik aus der Welt geschafft werden kann. Auch mit der Skandalisierung solcher Vorfälle und durch die lautstarke Diskussion über ein Parteiverbot werden die AfD nicht schwächer und das Problem der Einwanderung nicht gelöst. Beweise für den Rechtsextremismus dieser Partei – egal, wie stichhaltig und überzeugend sie sind oder eben nicht – verdrängen es nur. Und die damit verbundenen Sorgen und Ängste eines großen Teils der Bevölkerung – egal, wie berechtigt und begründet sie sind oder eben nicht – lösen sich nicht auf. Die Zuwanderung ist laut *ARD*-Deutschlandtrend für die meisten Deutschen derzeit das wichtigste politische Thema. (Es ist nicht der Krieg in der Ukraine, nicht der Genozid an den Palästinensern, nicht der Antisemitismus in Deutschland, nicht die wirtschaftliche Talfahrt, nicht die Inflation, nicht die Klimakrise …)

Zwei Drittel der Deutschen meinen, dass die Zuwanderung mehr Nach- als Vorteile habe. Dieses

Gefühl wird erhärtet durch Berechnungen, die Prof. Dr. Bernd Raffelhüschen – Ehemann der FDP-Bundestagsabgeordneten Claudia Raffelhüschen – anstellte und in die Öffentlichkeit brachte. Der Wirtschaftswissenschaftler und Hochschullehrer in Freiburg gilt auch als Renten- und Sozialexperte. Er will errechnet haben, dass die unkontrollierte Zuwanderung, wie sie bisher erfolgte und wenn sie so weitergehe, den deutschen Staat 5,8 Billionen Euro kostet. Darüber wird so wenig öffentlich diskutiert wie über die Tatsache, dass »47 Prozent der Bürgergeldempfänger keinen deutschen Pass besitzen und Gewalttaten unter Migranten weit über ihrem Bevölkerungsanteil liegen (*Berliner Zeitung*, 13. Januar 2024). Man würde damit den Rechten Argumente liefern, heißt es, weshalb man die Zahlen lieber unterm Teppich halte. Dieser Umgang mit Tatsachen erinnert mich stark an die Informationspolitik der DDR. Indem man über unangenehme Sachverhalte schwieg, glaubte man, sie würden verschwinden. Man lasse nicht im Angesicht des Klassenfeindes die Hosen herunter, begründete der dafür verantwortliche ZK-Sekretär Joachim Herrmann die verordnete Unterdrückung der Notdurft.

Doch wenn der Feind immer vor der Barrikade steht, muss man es dennoch tun. Sonst geht es in die Hose und ins Auge, wies schon seinerzeit die Schriftstellerin Helga Königsdorf hin.

Wir dürfen die Diskussion über die Einwanderung nicht deshalb unterlassen, weil sie von den Rechten okkupiert wurde. (Wir haben in diesem Zusammenhang auch zu fragen: Warum konnten sie das?)

Wir müssen die gesellschaftliche Verständigung über die Zuwanderung vorurteilsfrei und ohne diffamierende Zuweisungen führen. Nicht jeder, der die Forderung »Offene Grenzen für alle« nicht teilt, ist automatisch ein Rechter. Nicht jede, die Furcht vor Fremden empfindet, ist deshalb eine Nationalistin. Die *Berliner Zeitung* beobachtete »eine moralische Verächtlichungmachung von Andersdenkenden«, weshalb immer mehr Menschen schwiegen aus Angst, sie könnten mit ihren Zweifeln und Bedenken in die »rechte Ecke« gestellt werden. Vermisst würden »offene Debatten und eine Politik, die Fachfragen nicht mit Ideologie beantwortet«.

Es sei wie in der DDR, als Kritik abgewehrt wurde mit dem Satz: Wer nicht für uns ist, ist gegen uns. Wer nicht gendert – obwohl achtzig Prozent diese Kunstsprache ablehnen –, ist draußen. Ist reaktionär, ist rechts. Gendern wird zur ideologischen Abgrenzung genutzt, zitiert das Blatt einen 55-Jährigen, den die Gentrifizierung aus dem Prenzlauer Berg ins Umland von Berlin getrieben hatte. Die meisten machten nur mit, um nicht als rechts zu gelten, sagt er. Die Ausgrenzung ist undemokratisch.

Merke:
Wer nicht mit dem Mainstream schwimmt, muss nicht gleich rechts sein.

Bauern, Lokführer, Ärzte:
Alle finden, dass sie zu kurz kommen.

Patrick Bernau und Ralph Bollmann,
in: Republik der Neider,
Frankfurter Allgemeine Sonntagszeitung
vom 14. Januar 2024

»Bin kein Bauer, aber sauer«

Diese Losung machte bei der Kundgebung vorm Brandenburger Tor die Runde. Für die einen war es ein Hinweis darauf, dass auch andere Berufsstände vertreten waren. Man konnte dies als Ausdruck ihrer Solidarität werten. Oder sie als Trittbrettfahrer begrüßen. Da nutzten andere – Fuhrunternehmer, Handwerker, Kleingärtner, Selbstständige etc. – die Gelegenheit, ihren eigenen Unmut öffentlich zu bekunden.

Und noch eine andere Interpretation füllte die Zeitungsspalten: Die Rechten hätten die Protestbewegung »unterwandert«. »Zwischen Landwirten und Spediteuren drehen Rechtsextreme und Verschwörungstheoretiker mit Flyern ihre Runden. ›Bin kein Bauer, aber sauer‹«, hieß es im *Tagesspiegel*.

Dass sich auch rechte Gruppen an den Protesten beteiligten, konnte nur jene Beobachter überraschen, die bisher nicht bemerkt hatten, auf welche Weise rechte Parteien und Strömungen ihre Popularität gewonnen haben. Ob sie bei der Vereinnahmung der Bauerproteste besonders erfolgreich waren, steht allerdings zu bezweifeln. Punktuell, etwa in Sachsen, hätten die »Freien Sachsen« versucht, die Proteste zu vereinnahmen. Doch da sie wenig mit der Landwirtschaft zu tun hatten, liefen die Anbiederungsbemühungen mehrheitlich ins Leere, meldeten die Veranstalter.

Die Reflexe in den Medien, Protestbewegungen als von rechts infiziert oder gekapert zu denunzieren, ist nichts Neues. Als Alice Schwarzer und Sahra Wagenknecht im Februar 2023 ein »Manifest für Frieden« in die Welt sandten (das bis Ende des Jahres von fast einer Million Menschen unterzeichnet worden war) und sich an selber Stelle vorm Brandenburger Tor Zehntausende versammelten, hieß es auch: Die Initiatoren hätten sich politisch nur ungenügend vom Rechtspopulismus abgegrenzt, auch Rechte seien dabei gewesen.

Inzwischen funktioniert dieser warnende Fingerzeig als Bürgerschreck.

Der Bauernverbandspräsident Joachim Rukwied, ein Landwirt aus Baden-Württemberg und CDU-Mitglied, nicht jedermanns Freund, weil spröde und hartnäckig, setzte sich gegen die Vorhaltung der Unterwanderung zur Wehr. Die Bauern ließen sich nicht »in die rechte Ecke« stellen, erklärte er, sie seien Demokraten und stünden zum Grundgesetz.

Aber er wäre kein Wessi, wenn er nicht auch erklärt hätte, dass die Aktionswoche der Bauern im Januar 2024 ein Signal gewesen sei, »wie es die Bundesrepublik seit der Wende nicht gesehen hat«. Halten zu Gnaden: »Die Wende« erfolgte im Herbst 1989 in der DDR – die nachträgliche Okkupation ostdeutscher Geschichte ist ein wenig anmaßend.

Und auch sonst ist die Bemerkung geschichtsklitternd – die Politik der Treuhandanstalt, die Liquidierung von über achttausend ostdeutschen Betrieben, trieb in den neunziger Jahren Hunderttausende Menschen auf die Straße.

Nichts gegen die Großdemo in Berlin: Aber wir sollten mal schön die Kirche im Dorf lassen.

Besorgt raunen die Auguren, dass sich etwas in dieser Republik verändere. Die Bauern blockierten mit ihren Traktoren den Straßenverkehr noch effektiver als die sogenannten Klimakleber, die Lokführer ließen die Züge stehen, Apotheker und Ärzte streikten … Eine Zeitlang genügten als Entschuldigung und Erklärung Hinweise auf die Sanktionen gegen Russland und den Ukrainekrieg, die zu einer globalen Energiekrise geführt hätten. Die Bürokratie, die Ineffizienz wirtschaftlicher Abläufe, die hohen Energiepreise, der Wandel in der Automobilindustrie, die wachsende Exportschwäche, Inflation und das Schrumpfen der Wirtschaft lassen sich nicht mehr mit Verweisen auf Nebenkriegsschauplätze abwehren. Natürlich hängt alles mit allem zusammen. Aber die streikenden Lokführer sind so wenig Opfer der Bürokratie wie die Bauern, die Landwirte müssen sich nicht auf Elektroschweine umstellen, wogegen sie mit Traktoren anhupen, und die Apotheker gehen nicht wegen der hohen Gaspreise auf die Straße. In der Gastronomie öffnen die Küchen später und Friseure schließen ihr Geschäft früher – weil Personal fehlt. Auch das hat nichts mit dem Ukrainekrieg zu tun.

Letztlich lehnen sich alle auf gegen Ungerechtigkeit, die immer schmerzhafter spürbar wird. Die
Preise steigen, die Arbeit wird mehr, weil es an Leuten
mangelt, und für alle wird darum das Leben stressiger
und weniger lebenswert. Und da soll über Wokeness
und Work-Live-Balance diskutiert werden?

Es geht um gerechte Verteilung von Zuwendung
und gesellschaftlicher Aufmerksamkeit. Warum bekommt ein Lokführer, der die Verantwortung für
einen Zug mit tausend Passagieren trägt, nicht soviel
wie ein Pilot, der inzwischen nur noch ein »Bus-
fahrer der Lüfte« ist? Warum werden die Bauern,
die zwölf, vierzehn Stunden auf dem Acker oder im
Stall arbeiten, von hochnäsigen Städtern beschimpft
statt gewürdigt? In der Coronapandemie wurde fürs
Pflegepersonal allabendlich aus Fenstern applaudiert – aber die Wertschätzung in Gestalt eines an-
gemessenen Gehalts steht noch immer aus.

Die ungleiche Behandlung, die Zurückstellung auf
der einen Seite und die überzogene Wertschätzung
auf der anderen (Honorare, Prämien, Boni) nährt
Unmut und treibt immer mehr Menschen auf die
Straße. Sie stellen nicht die Systemfrage, sondern
fordern nur mehr soziale Gerechtigkeit. Noch! Es
könnte auch bald schlimmer kommen.

Die *Frankfurter Allgemeine Sonntagszeitung* be-
schlich zu Jahresbeginn Larmoyanz. »Erst im Rück-
blick wird deutlich: Die Zehnerjahre waren für
Deutschland ein goldenes Jahrzehnt, mit steigenden
Einkommen, geringer Arbeitslosigkeit und einem

Land, das im Großen und Ganzen gut funktionierte. Bemerkt hat das allerdings damals niemand. Wie in anderen westlichen Staaten auch ist den Menschen mit den Jahren der Glaube an eine bessere Zukunft abhandengekommen.«

Das genau ist das zentrale Problem dieser Gesellschaft. Die britische *Financial Times* hat herausgefunden, dass Begriffe wie »Zukunft« und »Fortschritt« immer weniger in Publikationen auftauchen, hingegen belegten Wörter wie »Sorge« und »Angst« inzwischen die Spitzenplätze in Büchern, die in westlichen Industriestaaten erscheinen. Auch Autoren sind Gemeinschaftswesen – sie nehmen auf und reflektieren, was die Nachbarn, die Arbeitskollegen, die Parteifreunde, die Mitreisenden in der Bahn bewegt. Unabhängig von Umfragen, von Politikerreden, von uniformen Medien.

Wie schon eingangs bemerkt: Gemeckert wurde unter allen Fahnen, unter denen ich marschierte. Es war und ist deutscher Volkssport. Aber das ist destruktiv, kein Ausweg aus dem allgegenwärtigen Dilemma.

Ich weiß, Mut macht diese Feststellung auch nicht. Aber vielleicht hilft sie ein wenig. Angeblich hätten schon die alten Griechen behauptet, dass Einsicht der erste Schritt zur Besserung sei.

Wagen Sie doch einfach den ersten Schritt. Meckern Sie weniger – und handeln Sie!

Merke:
Meckern ist Volkssport. Wechseln Sie die Disziplin!

Die Weimarer Republik ist nicht an ihrer Verfassung gescheitert. Sie wurde von oben deformiert und von unten abgewählt. Dieser verfassungsstaatlichen Demokratie fehlten die Demokraten. Wenn die freiheitliche Ordnung über kein verbindendes Ethos verfügt, es keinen Gemeinsinn ihrer Bürgerinnen und Bürger gibt, kann keine noch so gute Verfassung das Versagen der Demokratie und ihre Selbstzerstörung verhindern. […]

Zwar sagt das Grundgesetz, dass alle Macht vom Volk ausgeht, doch hält sich der Witz, dass niemand weiß, wie sie dahin zurückkommt. Die Parteien, die eigentlich nur an der politischen Willensbildung des Volkes mitwirken sollen, zeigten bisher kein Interesse daran, ihre Dominanz aufzugeben. Doch laut Grundgesetz übt das Volk die Staatsgewalt durch Wahlen und Abstimmungen aus.

Werner Schulz,
»Die Einheit hätte eine neue deutsche Verfassung gebraucht«, in: *Die Welt,* 11. September 2019

Wir brauchen endlich eine Verfassung, die zeitgemäß ist

Nach meiner Überzeugung war einer der wesentlichen Fehler, die beim Vereinigungsprozess begangen wurden, den Zusammenschluss nicht über Artikel 146 des Grundgesetzes zu vollziehen. Dieser Weg hätte einen gemeinsamen Neustart ermöglicht. Stattdessen wurde Artikel 23 des Grundgesetzes präferiert.

In der Nacht vom 20. auf den 21. August 1989 beschloss die Volkskammer den Beitritt. Es war die 30. Tagung des DDR-Parlaments in seiner letzten Legislaturperiode, eine Sondersitzung, die Ministerpräsident Lothar de Maizière beantragt hatte. Sie begann 21 Uhr und endete mit einem frenetisch bejubelten Beschluss, der eine Stunde nach Mitternacht gefasst worden war: »Die Volkskammer erklärt den Beitritt der DDR zum Geltungsbereich des Grundgesetzes zur Bundesrepublik Deutschland gemäß Artikel 23 des Grundgesetzes mit der Wirkung vom 3. Oktober 1990.«

Zuvor hatte es, wie inzwischen gewohnt, einen verbalen Schlagabtausch unter den Abgeordneten gegeben. Ein Stürmchen im Wasserglase, in welchem es nicht um Grundsätzliches, sondern allenfalls um den Termin des Untergangs ging. Die einen wollten sofort, die anderen etwas später beitreten. Die Idee, einen Zusammenschluss über den Artikel 146 GG herbeizuführen, hatte sich schon lange erledigt. In jenem Artikel hieß es: »Dieses Grundgesetz, das nach Vollendung der Einheit und Freiheit Deutschlands für das gesamte deutsche Volk gilt, verliert seine Gültigkeit an dem Tage, an dem eine Verfassung in Kraft tritt, die von dem deutschen Volke in freier Entscheidung beschlossen worden ist.«

Die ostdeutschen Parlamentarier griffen – aus freien Stücken oder durch die Macht des Faktischen genötigt – stattdessen nach Bewährtem und ließen den Verfassungsentwurf, den der Zentrale Runde Tisch ausgearbeitet hatte, links liegen. Keine Experimente! Als würde eine neue Verfassung, über die in einem Volksentscheid von West- und von Ostdeutschen hätte abgestimmt werden sollen, das christliche Abendland einstürzen und den Sozialismus reanimieren. Nichts sollte bleiben, nicht mal der Entwurf einer gesamtdeutschen Verfassung, der aus dem Osten gekommen war.

Was interessierte da die Intervention von mehr als hundert westdeutschen Rechts- und Sozialwissenschaftlern, die die »Selbstachtung und Würde« der Ostdeutschen meinten verteidigen zu müssen, welche sie beim Weg über Art. 23 GG verletzt sahen? Auch Professor Ernst Benda, Christdemokrat und in den achtziger Jahren höchster Richter der Bundesrepublik, plädierte für einen Volksentscheid und eine neue Verfassung. »Er wäre nützlich für die Identitätsfindung eines Volkes, das seit über vierzig Jahren von Wiedervereinigung redet und jetzt plötzlich von der Geschichte beim Wort genommen wird«, erklärte er am 30. April 1990 in einem Interview mit dem *Spiegel* (»›Königsweg‹ oder ›Holzweg‹«). Er stimme denen zu, »die fordern, Selbstachtung und Würde der Bürger in der DDR – wie übrigens auch der Bürger in der Bundesrepublik – müssten gewahrt bleiben. Bei der Herstellung der staatlichen Einheit müssen die Bürger beider Teile Deutschlands die Gewissheit haben, dass in ihrem Namen und für sie gehandelt wird und nicht über ihre Köpfe hinweg. Es kann nicht einfach darum gehen, das Grundgesetz von A bis Z und ohne Modifikationen und Übergangsregelungen auch für die DDR gelten zu lassen.«

Auch der SPD-Ehrenvorsitzende Willy Brandt nahm Anstoß. »Die kurzatmige und rechthaberische Berufung auf allein Artikel 23 des Grundgesetzes hat sich nicht als ein Königsweg, sondern als ein Holzweg erwiesen. Bei den Landsleuten in der DDR konnte der Eindruck aufkommen, ihr Wort sei im Prozess des Zusammenschlusses nicht mehr gefragt.« So wurde Brandt in der Sendung des *Deutschlandfunks* »Ein Staat wird abgewählt« am 18. März 2010 zitiert.

Dieser Eindruck kam zweifellos auf, und er wurde in den nachfolgenden Jahrzehnten nur bestätigt. Was man unter anderem daran sieht, dass unverändert die meisten Posten im Osten von West-deutschen besetzt sind. Sie haben das Sagen.

Der Sozialdemokrat Wolfgang Thierse hatte in der Abstimmungs-Debatte in der Volkskammer die Kritiker und Bedenkenträger gewarnt: »Wir sollten auch nicht die schwarze Illusion erwecken, dass wir unter die Räuber fallen«, wie der *Spiegel* am 20. August 2010 erinnerte (»Die Nacht, als die DDR unterging«). Die »Illusion« musste man nicht erwecken. Es war die Realität.

Die Weichen für den „Holzweg" (Brandt) waren allerdings schon Monate zuvor in Bonn und eben nicht in Berlin im August 1990 gestellt worden. Kohls Intimus Horst Teltschik berichtete in seinen 1993 erschienenen Erinnerungen »329 Tage – Innenansichten der Einigung«, dass am 5. März 1990 bei einem internen Gespräch im Kanzleramt sich die Regierungskoalition »endgültig« darauf geeinigt habe, »den Weg zur Einheit nach Artikel 23 GG zu gehen«.

Damit war – zwei Wochen vor der Volkskammerwahl in der DDR am 18. März! – in Bonn die Marschroute festgelegt und beschlossen, ohne dass auch nur ein Ostdeutscher dazu gefragt worden war.

Ministerialdirektor Horst Teltschik bestätigte damit, was von der politischen Klasse der Bundesrepublik bestritten wurde und darum keinen Eingang in die Geschichtsbücher fand: Die Übernahme der DDR war eine politische Inszenierung, Regisseure und Dramaturgen dieses Staatsschauspiels saßen im Westen, wo auch die ostdeutschen Schauspieler gecastet worden waren. »So hatte Kohl die demokratisch gewählte Führung des noch vorhandenen anderen deutschen Staates im Grunde zu Marionetten gemacht«, befand zutreffend Klaus Taubert im *Spiegel* am 20. August 2010 (»Die Nacht, als die DDR unterging«).

Am 3. Oktober 1990 verschwanden sowohl Artikel 23 wie 146 aus dem Grundgesetz. Zur Begründung hieß es, dass mit dem Zwei-plus-Vier-Vertrag, der vier Tage zuvor in Kraft getreten war, den Nachbarn die Angst genommen worden sei. Deutschland habe seine Grenzen als endgültig anerkannt und erklärt, keine Gebietsansprüche mehr gegenüber anderen Staaten erheben zu wollen. Deshalb würden nunmehr die Präambel des Grundgesetzes sowie die Artikel 23 und 146 modifiziert. Die »Modifikation« sah so aus, dass die relevanten Passagen aus dem Grundgesetz getilgt wurden. Erst 1992 schuf man mit dem »Europa-Artikel« Ersatz für Artikel 23.

In diesem Kontext erinnere ich, wie schon in meinem letzten Buch, an eine von der Union 1972 angestrengte Verfassungsklage, mit der die Rechtmäßigkeit des Grundlagenvertrages zwischen der BRD und der DDR bestritten wurde. 2007 veröffentlichten die Wissenschaftlichen Dienste des Deutschen Bundestages eine Dokumentation »Zum rechtlichen Fortbestand des ›Deutschen Reichs‹«. Darin wurde auf das Urteil des Bundesverfassungsgerichts vom 21. Dezember 1972 verwiesen. Die Karlsruhe Richter hatten damals erklärt, dass das Grundgesetz davon ausgehe, »dass das Deutsche Reich den Zusammenbruch 1945 überdauert hat und weder mit der Kapitulation noch durch Ausübung fremder Staatsgewalt in Deutschland durch die alliierten Okkupationsmächte noch später untergegangen ist. Mit der Errichtung der Bundesrepublik Deutschland wurde nicht ein neuer westdeutscher Staat gegründet, sondern ein Teil Deutschlands neu organisiert [...]. Die Bundesrepublik Deutschland ist also nicht ›Rechtsnachfolger‹ des Deutschen Reiches, sondern als Staat identisch mit dem Staat ›Deutsches Reich‹, in Bezug auf seine räumliche Ausdehnung allerdings teilidentisch, so dass insoweit die Identität keine Ausschließlichkeit beansprucht.«

In verdolmetschtem Deutsch: Kriege und Zweistaatlichkeit haben dem Deutschen Reich seit seiner Taufe im Spiegelsaal zu Versailles nichts anhaben können – die Proklamation des Kaiserreichs am 18. Januar 1871 war somit die eigentliche Geburtsstunde der Bundesrepublik Deutschland. Wir hätten also 2021 bereits 150 Jahre BRD feiern können.

Vor allem hätten wir ein konkretes Datum – was wir 1949 nicht haben. War's der 8. Mai, als der Parlamentarische Rat das Grundgesetz vorlegte? Der 12. Mai, als die westlichen Besatzungsmächte es genehmigten, oder der 23. Mai, als es in Kraft trat? War es die Wahl des ersten Bundestages am

14. August oder dessen Konstituierung am 7. September 1949? Oder die Wahl von Theodor Heuss zum Bundespräsidenten am 12. September oder die von Konrad Adenauer zum Kanzler drei Tage später? Oder gar dessen Amtsantritt am 20. September 1949?

Die Sache hat aber noch einen weiteren Haken.

Der Beitritt 1990 ist weder auf der Grundlage einer ordentlichen Beitrittserklärung noch auf der Gesetzesgrundlage des GG evaluierbar: Die Gesetzesgrundlage für den Beitritt – der Artikel 23 GG – wurde, wie schon erwähnt, aus dem Grundgesetz gestrichen. Im Einigungsvertrag wird er nur im Zusammenhang mit dem Wirksamwerden eines Beitritts zum 3. Oktober 1990 erwähnt. Nachzulesen in Artikel 1 – Einigungsvertrag (EV): »Mit dem Wirksamwerden des Beitritts der Deutschen Demokratischen Republik zur Bundesrepublik Deutschland gemäß Artikel 23 des Grundgesetzes am 3. Oktober 1990 werden die Länder Brandenburg, Mecklenburg-Vorpommern, Sachsen, Sachsen-Anhalt und Thüringen Länder der Bundesrepublik Deutschland. Für die Bildung und die Grenzen dieser Länder untereinander sind die Bestimmungen des Verfassungsgesetzes zur Bildung von Ländern in der Deutschen Demokratischen Republik vom 22. Juli 1990 maßgebend.«

Unter welchen Vorausssetzungen, so ließe sich also spitzfindig fragen, kam es zur »Einheit«, wenn die Vertragsschritte von 1990 sowohl im Grundgesetz als auch im Einigungsvertrag gelöscht sind?

Das ist vergossene Milch, wie mir scheint, und beschäftigt allenfalls Historiker und Staatsrechtler. Mir geht es um die Gegenwart. Ich gehöre zu jenen, die der Auffassung sind, dass sich das Grundgesetz – alles in allem – bewährt hat. Allerdings hat sich seit seiner Formulierung vor einem Dreivierteljahrhundert dieses Land entwickelt und verändert, haben sich ökonomische und ökologische Prozesse vollzogen, die damals nicht absehbar waren und folglich nicht berücksichtig werden konnten. Ja, es wurden unzählige Veränderungen und Nachbesserungen seither am Grundgesetz vorgenommen, die letzte erst am 12. Dezember 2022. Aber das ist oft tagespolitisches Stückwerk!

Ich halte die Zeit reif für eine Verfassungsdiskussion. Eine neue Konstitution trüge nicht nur den gesellschaftlichen Veränderungen Rechnung, sondern könnte auch den Ostdeutschen das Gefühl der Zweitrangigkeit nehmen und damit auch rechten Rattenfängern, die aus eben dieser Zurücksetzung politisches Kapital schlagen, die Argumentationsbasis nehmen. Eine neue Verfassung nach gemeinsamer Diskussion vermittelte den Ost- wie den Westdeutschen das begründete Gefühl, es sei »ihre« Verfassung und nicht ein Papier, das wie alle anderen Gesetze und Vorschriften über ihre Köpfe hinweg entschieden und verabschiedet wurde. Eine neue, durch Volksentscheid angenommene Verfassung böte die Chance einer höheren Identifikation mit dem Land und mit der Demokratie. Es könnte eventuell die fortschreitende Entfremdung der Bürger von ihrem Staat aufhalten. Ein Volksentscheid hätte gewiss noch größeres Gewicht als die Massendemonstrationen im Januar 2024, als die geheimen Deportationsabsichten der AfD publik geworden waren.

Zudem würde eine solche öffentliche Debatte sichtbar machen, dass der Umbau der Gesellschaft oder die notwendige Überwindung des Kapitalismus in seiner jetzigen Form keine Mission einzelner politischer Parteien sein kann, sondern Folge technologischer Entwicklungsprozesse sein wird. Der Kapitalismus löste den Feudalismus nicht durch politische Postulate und Erklärungen ab, sondern durch den technischen Fortschritt, durch die industrielle Revolution. Man muss kein Marxist sein, um Marx zuzustimmen: »Die Produktionsweise des materiellen Lebens bedingt den sozialen, politischen und geistigen Lebensprozess überhaupt. Es ist nicht das Bewusstsein der Menschen, das ihr Sein, sondern umgekehrt ihr gesellschaftliches Sein, das ihr Bewusstsein bestimmt.«

Deshalb ist davon auszugehen, dass die weiteren wissenschaftlichen und technischen Entwicklungen und Entdeckungen auch den Charakter des Kapitalismus immer weiter verändern werden. Es ist kurzschlüssiger Unsinn zu behaupten, Internet und Künstliche Intelligenz überwinden den Kapitalismus. Aber sie könnten á la longue dafür sorgen, die übelsten Auswüchse dieses Systems zu reduzieren und schließlich zu beseitigen. Noch werden die Entdeckungen privatisiert, um sie profitabel anzuwenden oder in Panzerschränken verschwinden zu lassen wie das legendäre »wiederverwendbare« Zündholz, die ewig haltbaren Straßenbeläge oder Medikamente, einzig zu dem Zweck, um das Monopol auf tradierte profitable Produktionsformen zu sichern.

Doch das wird sich nicht ewig durchhalten lassen, wenn denn das Monopol auf Nachrichten überwunden wird. Jede Erfindung hat auch ihre Schattenseite, wie man bei den Social Media im Internet sieht. Doch man muss nicht aus jeder Flasche den Geist lassen, um anschließend entgeistert zu merken, dass er nicht wieder in die Flasche zurückzubringen ist.

Merke:
Geister sind zu bannen, bevor sie entweichen können.
Und darum brauchen wir eine Verfassungsdiskussion
und eine neue Konstitution.

Machen statt meckern! An alle

Was sollten/müssen/wollen wir verändern? Hier einige Felder, die zu bestellen sind. So verhindern wir, dass sich Demagogen und Populisten ihrer bemächtigen.

▶ Wir brauchen eine Debatte über die Verfasstheit der EU. Notwendig ist ein politisches Europa, das sowohl den nationalen Interessen als auch den globalen Entwicklungen Rechnung trägt. Wir brauchen ein Europa der Vaterländer, frei von jedweder Abhängigkeit und überseeischer Bevormundung. Der Kontinent darf außenpolitisch nur eine Verpflichtung eingehen: Frieden zu wahren und Frieden zu stiften! Zwei verheerende Weltkriege, die Europa verwüsteten, sind Lehre genug. Wir wissen nicht erst seit Brecht: »Das große Karthago führte drei Kriege. Es war noch mächtig nach dem ersten, noch bewohnbar nach dem zweiten. Es war nicht mehr auffindbar nach dem dritten.«

▶ Unsere wichtigste und ständige Aufgabe gegenwärtig: für den Frieden einzustehen!

▶ Setzt euch dafür ein, dass der größtmögliche Teil des Staatsbudgets für Bildung, Erziehung, Forschung und Lehre eingesetzt wird: Davon hängt unser künftiger Wohlstand ab. Berufe werden nicht durch die Aussicht auf Pension, sondern durch gesellschaftliche Anerkennung attraktiv. Das gilt im Übrigen auch für Polizisten, Feuerwehrleute, Ärzte, Rettungssanitäter und alle Berufe, die unverzichtbar sind in unserer Gesellschaft.

▶ Wir brauchen keine Bürokratieentlastungsgesetze, die mehr neue Vorschriften hinzufügen, als alte wegfallen lassen. Bürokratieabbau darf nicht allein der Regierung und dem Parlament überlassen werden – man fragt auch nicht die Frösche, wenn man einen Teich trockenlegt. Lasst jene Menschen im Paragrafendschungel Hand anlegen, die unter den Regeln ächzen. Das wäre direkte Demokratie.

▶ Wir, die Bürger, wollen gefragt werden, wenn es um wichtige Fragen der Gesellschaft geht. Die repräsentative Demokratie muss endlich durch Formen direkter Demokratie ergänzt werden.

▶ Reformiert den öffentlich-rechtlichen Rundfunk. Spart die Millionen für den Wasserkopf und nutzt unsere Gebühren zur qualitativen Verbesserung der Programme: mehr Informationen aus der Region, mehr Sachlichkeit, weniger Gleichförmigkeit.

▶ Lasst die Rentner arbeiten, solange sie möchten, und verzichtet darauf, sie mit Steuern zu schröpfen und mit bürokratischen Forderungen zu überhäufen. Es motivierte viele, die tätig bleiben möchten, und nützt der Volkswirtschaft. Uns allen also.

- Bezahlt die Fachkräfte anständig, damit sie im Lande bleiben und nicht dorthin gehen, wo ihre Arbeit mehr wertgeschätzt wird als hier. Dann müssten wir nicht nach Arbeitskräften im Ausland suchen und sparten uns viele damit verbundene Probleme.

- Macht das Gesundheitswesen zu einem menschenfreundlichen System, das dem Eid des Hippokrates und nicht den Regeln der Profitmaximierung verpflichtet ist. Es geht um Patienten und nicht um Kunden. Gebt dem Personal Zeit für die Menschen und reduziert den Schreibkram für den Amtsschimmel.

- Im Interesse der Gesundheit: Wir müssen den Breitensport fördern und den Leistungssport attraktiv machen.

- Wir, der Souverän, müssen uns für ein gerechtes Steuersystem engagieren, das Leistung fördert. Wir brauchen keine 50 000 Steuerparagrafen. Vielleicht genügen bereits 500?

- Und unser ganzes Tun muss auf dem Grundsatz fußen: Demokratie lebt von der Wahrheit. Wir brauchen die Wahrheit, auch wenn sie schmerzt!

Personenregister

1990 kehrte er der Politik den Rücken
und ging in die Wirtschaft.
2022 war für ihn das Maß voll und eine
kritische Bestandsaufnahme nötig

Wolfgang Berghofer
Zwischen Wut und
Verzweiflung
Nüchterne Bilanz
nach 80 Jahren

brosch.
256 Seiten,
18,00 €
ISBN 978-3-360-02809-9

E-Book 15,99 €
ISBN 978-3-360-51055-6

Als Kommunalpolitiker erlebte er in den achtziger Jahren, welche Folgen Entscheidungen »unten« anrichteten, die »oben« getroffen worden waren. Auch Berghofer machte dafür das realsozialistische System verantwortlich. In dreißig Jahren Realkapitalismus begriff er: Egal, welche Fahnen auf den Zinnen wehen und welche gerahmten Köpfe in den Amtsstuben hängen – wenn sich die Großkopferten vom Volke entfernen, wendet sich das Volk von der Politik ab.

edition ost –
eine Marke der Eulenspiegel Verlagsgruppe

ISBN 978–3-360–02814–3

1. Auflage 2024
© Eulenspiegel Verlagsgruppe Buchverlage GmbH, Berlin

Umschlaggestaltung: Buchgut, Berlin, unter Verwendung
eines Fotos von picture alliance/dpa/Stephanie Pilick,
20. November 2014
Satz: edition ost
Druck: Printed in the EU

www.eulenspiegel.com